wieso? wann? warum?

# Liebe Frau Merkel

Danke, dass Sie sich für unser Buch entschieden haben!

1. Auflage 2020

ISBN 978-3-8000-7754-0


Lektorat: Sabine Gampenrieder
Covergestaltung: Saskia Beck, s-stern.com
Zeichnungen: Smilla
Satz: Sabina Karasegh, skgh.at
Druck und Bindung: Finidr s. r. o., Cesky Tesin

# Liebe Frau Merkel

Thomas Ganzhorn

ueberreuter

# Inhaltsverzeichnis

## Internet und Fernsehen



---

## Recht und Ordnung



---

## Ereignisse

## Vorwort

Muss man eine Frau sein, um Bundeskanzler zu werden? Kauft das Christkind bei Amazon ein? Wie arbeitet ein Detektiv wirklich? Wieso geht Corona nicht einfach weg? Kann ich bei Parship eine neue Frau für Papa bestellen?

Kinder stellen viele Fragen, auf die Erwachsene gar nicht kommen würden. Oft fällt es nicht leicht, diese Fragen kindgerecht zu beantworten. Die Geschwister Marie (9 Jahre) und Timo (12 Jahre) haben viele Unternehmen, Politiker und Institutionen mit genau solchen Fragen konfrontiert und viele interessante, witzige und manchmal auch enttäuschende Antworten erhalten.

Angefangen hat alles mit einem Brief an Bundeskanzlerin Angela Merkel zur Zeit der schwierigen Regierungsbildung im Jahr 2018, so ist auch der Buchtitel „Liebe Frau Merkel" entstanden.

Leider hat das Bundeskanzleramt für den liebevoll formulierten Antwortbrief keine Abdruckgenehmigung gegeben. Ich kann jedoch verraten, dass die Bundeskanzlerin junge Leute mit politischen Ambitionen zu frühem Engagement für die Gesellschaft aufruft, z.B. durch die Mitarbeit in einer demokratischen Partei. Insgesamt habe ich im Namen von Marie und Timo 65 Briefe geschrieben und 40 Antworten bekommen. Die meisten dieser Briefe dürfen mit Genehmigung der Absender mit Ihnen als Leser geteilt werden. Es ist eine schöne Sammlung zu vielen aktuellen Themen wie unserem Textilkonsum, dem Umweltschutz, Schönheitsidealen und der Partnersuche entstanden, die für Erwachsene und Kinder gleichermaßen interessant sind.

Ich bedanke mich bei allen, die zum Gelingen dieses Buchs beigetragen haben, insbesondere bei meiner Frau Evi, die mich immer tatkräftig unterstützt hat und bei meinen kleinen Nichten, die mich zur Erschaffung der Kunstfiguren Marie und Timo inspiriert haben.

Thomas Ganzhorn

30. Januar 201

Liebe Frau Merkel,

mein Name ist Timo und ich bin 12 Jahre alt. Ich weiß, dass Sie unsere Bunderkanzlerin sind und meine Mama hat mir erzählt, dass Sie das schon machen seit ich geboren bin.

Ich habe schon gelernt das Sie nicht alles alleine machen können und das Sie deswegen ein Parlament haben mit Ministern und eine Regierung bilden müssen. Papa sagt dass Sie zurzeit in Schwierigkeiten sind und Deutschland gerade keine Regierung hat. Das macht mir Sorgen!

Wann haben Sie denn die neue Regierung? Und wer kümmert sich denn um alles bis die Regierung fertig ist? Ich habe Angst, dass Trump und Erdogan etwas böses machen und keiner aus Deutschland kann was dagegen machen, weil es keine Regierung gibt.

Papa hat mir auch erzählt, das viele Politiker mit ihnen verhandeln, aber die FDP nicht mit ihnen zusammenarbeiten will. Wieso will der Christian Lintner das nicht?

Ich möchte später auch Bunderkanzler werden. Können Sie mir ein Paar Tipps wie ich das werden kann? In welchen Schulfächern muss ich gut sein?

Viele Grüße
Timo

PS: Wie lange sind Sie noch Bunderkanzlerin? Mama sagt nicht mehr lange. Ich muss noch mindestens 4 Jahre in die Schule. Welche Ausbildung oder Studium muss ich machen, damit ich Sie irgendwann ablösen kann oder machen Sie doch noch länger weiter?

# Persönlichkeiten

## **Friedrich Merz** – Der nächste deutsche Bundeskanzler?

Friedrich Merz kommt aus einer konservativ geprägten Juristenfamilie. Er ist verheiratet und hat drei erwachsene Kinder. Aber wussten Sie auch, dass Friedrich Merz als Schüler schulterlange Haare hatte und ein regelrechter Rebell war?

Der studierte Jurist saß von 1994 bis 2009 im Deutschen Bundestag und war zwei Jahre lang Fraktionsvorsitzender der CDU/CSU-Bundestagsfraktion. 2018 lieferte sich Friedrich Merz mit Annegret Kramp-Karrenbauer und Jens Spahn einen spannenden Wettkampf um das Amt des CDU-Parteivorsitzenden. Er unterlag knapp und kündigte im Februar 2020 an, erneut für den Vorsitz zu kandidieren.

Seine Tätigkeit in der freien Wirtschaft, unter anderem als Aufsichtsratsvorsitzender und Lobbyist beim Vermögensverwalter BlackRock brachte ihm hohe Einnahmen, aber auch viel Kritik wegen potenzieller Interessenskonflikte ein.

Friedrich Merz werden immer wieder Ambitionen auf das Amt des Bundeskanzlers nachgesagt und Timo möchte wissen, wie der Politiker selbst dazu steht. Herr Merz hat sich persönlich Zeit genommen, um Timo zu antworten und erklärt ihm offen seine Beweggründe für sein Engagement in der Politik.

Lieber Friedrich März,

ich habe im Fernsehen gesehen dass du Chef der CDU werden willst. Möchtest du dann auch der nächste Bundeskanzler sein? Seit ich auf der Welt bin war immer eine Frau Bundeskanzlerin und ich finde dass mal wieder ein Mann dran ist.

Papa hat gesagt dass du Millionär bist und sehr viel Geld mit Banken und so verdient hast. Ein bisschen wie Trump. Wie bist du Millionär geworden? Kannst du versprechen dass du dich trotzdem um die armen Leute und Flüchtlinge kümmerst und keine Mauer zu Österreich baust?

Ich freue mich auf deine Antwort.

Viele Grüße

Dein Timo (12 Jahre alt)

FRIEDRICH MERZ

Timo Meier

24. Januar 2019

Lieber Timo,

herzlichen Dank für Deinen lieben Brief, den ich leider erst heute beantworten kann. Ich habe mich darüber gefreut, dass Du mir so offen geschrieben hast.

Für mich spielt die Frage, ob das Amt der Bundeskanzlerin oder des Bundeskanzlers von einer Frau oder einem Mann ausgeübt wird, keine so große Rolle. Wichtiger ist, dass unser Land gut regiert wird und gerade den jungen Menschen Chancen gegeben werden, gut ausgebildet in ihr Berufsleben zu gehen. Für mich persönlich war immer wichtig, dass ich politische Ämter ausübe, ohne von meiner Wiederwahl wirtschaftlich abhängig zu werden. Und ich weiß, dass unsere Gesellschaft nur dann zusammenhält, wenn auch „einfache Leute" das Gefühl haben, dass sie am Wohlstand unseres Landes teilnehmen und dass dies auch tatsächlich so ist. Danach habe ich meine politischen Entscheidungen immer ausgerichtet, dies entspricht auch meinen festen politischen Überzeugungen.

Bitte richte Deiner Familie herzliche Grüße aus und bleib weiter politisch interessiert!

Herzliche Grüße

Dein Friedrich Merz

## **Donald Trump** – Warum beleidigt der US-Präsident andere?

Im November 2016 gewann der amerikanische Unternehmer Donald Trump den Präsidentschaftswahlkampf knapp gegen seine Konkurrentin Hillary Clinton. Als Immobilienmogul machte er seinen Namen zu einer Marke und erwirtschaftete ein großes Vermögen. Der breiten Masse wurde er vor allem durch seine Reality-Show „The Apprentice“ bekannt. Aus einer Vielzahl an Bewerbern wurde ein Gewinner ausgewählt, der für ein Jahr in einem von Donald Trumps Unternehmen arbeiten durfte und dafür 250.000 US-Dollar Gehalt erhielt.

Seit seinem Amtsantritt als amerikanischer Präsident fällt Donald Trump immer wieder durch provokante Äußerungen, radikale Vorschläge und rassistische und sexistische Aussagen auf. Er nutzt den Kommunikationsdienst Twitter als sein Hauptmedium und bezeichnet bestimmte Journalisten und Medien, die nicht in seinem Sinne berichten, als korrupt und verlogen.

Sein unberechenbarer Politikstil, der von ihm beschlossene Rückzug der USA aus dem Pariser Übereinkommen für Klimaschutz, die einseitige Kündigung des Atomabkommens mit dem Iran und die Verhängung von Strafzöllen auf europäischen Stahl und Aluminium führten zu einer Verschlechterung der partnerschaftlichen Beziehungen zwischen den USA und Deutschland.

Timo wundert sich, warum Donald Trump andere Menschen beleidigt und fragt bei der amerikanischen Botschaft in Berlin nach. Auch wenn die Antwort der Generalkonsulin nicht sonderlich informativ ist, freut sich Timo über das Angebot, das sie ihm und seiner Klasse macht. Bestimmt können auch andere Schulklassen davon profitieren, damit mehr Kinder und Jugendliche einen Einblick in die Außenpolitik und das tägliche Leben in den Vereinigten Staaten bekommen.

7.7.2018

Lieber Botschafter Richard Grenell,

ich schreibe auf deutsch weil mein Englisch noch nicht so gut ist, dass ich einen ganzen Brief schreiben kann. Ich gehe gerade in die 6. Klasse. Aber du kannst ja bestimmt deutsch wenn du Botschafter in Deutschland bist.

Gefällt es dir in Deutschland?

Ich wollte dich fragen wieso der amerikanische Präsident so viele komische Sachen macht. In der Schule haben wir darüber geredet dass es für europäische Politiker sehr schwer ist mit Donald Trump zu arbeiten weil er ganz oft seine Meinung ändert und so viele Beleidigungen auf Twitter schreibt. Warum sagt euer Präsident so schlimme Sachen über Frauen und nennt manche Länder Dreckslochländer?

Kannst du mir das erklären?

Barack Obama war immer sehr freundlich und war bei allen beliebt. Meine ganze Klasse hofft dass es bald wieder einen netteren amerikanischen Präsidenten gibt.

Ich freue mich auf deine Antwort!

Dein Timo

PS: I am 12 years old and I am a pupil.

CONSULATE GENERAL OF THE UNITED STATES OF AMERICA

MUNICH, GERMANY

München, den 25. Juli 2018

Lieber Timo,

vielen Dank für Deinen Brief! Wir finden es toll, dass Du Dich schon jetzt so für Politik interessierst.

Die US-Botschaft in Berlin hat uns Deinen Brief weitergeleitet, da Du in Bayern wohnst und wir als US-Generalkonsulat in München damit für Dich und Dein Anliegen zuständig sind.

Haben Du und Deine Schulkameraden Lust, mit uns die vielen Fragen, die Du in Deinem Brief gestellt hast, zu besprechen? Wenn die Antwort „ja" lautet, können wir Deine Schule gerne im Rahmen unseres Programms „MeetUS" besuchen. Dabei wird SchülerInnen die Gelegenheit geboten, mit amerikanischen Gastrednern zusammenzutreffen und im Dialog mit diesen mehr über das tägliche Leben in den Vereinigten Staaten von Amerika zu erfahren.

Deine Schule kann sich gerne bei uns melden, indem sie eine Nachricht an MunichPA@state.gov schreibt.

Mit besten Grüßen

Meghan Gregonis
US-Generalkonsulin

## **Georg-Friedrich Prinz von Preußen** – Wie lebt es sich als Prinz?

Wenn die Zeiten der Monarchie nicht längst vorbei wären, hätte Georg-Friedrich Prinz von Preußen als Urenkel des letzten deutschen Kaisers Wilhelm II. Anspruch auf den Thron. Stattdessen ist er heute Oberhaupt des Hauses Hohenzollern und vertritt die Familiengeschäfte. Dazu gehören unter anderem die Königlich Preußische Biermanufactur sowie die Verwaltung zahlreicher Ländereien und Immobilien wie die Burg Hohenzollern.

Seine Frau Sophie (geboren als Sophie von Isenburg) und er engagieren sich im Bereich Kunst und Kultur und organisieren Veranstaltungen und Ausstellungen. Immer wieder werden Kunstwerke des Hauses Hohenzollern als Leihgaben für Museen bereitgestellt.

In den letzten Jahren waren die Hohenzollern wegen Entschädigungsforderungen gegenüber dem Bund immer wieder im Blickpunkt des öffentlichen Interesses. Es ging um Enteignungen der Sowjetischen Besatzungsmacht nach dem Zweiten Weltkrieg.

Marie findet es spannend, dass es in Deutschland noch Adelige gibt und möchte wissen, wie Georg-Friedrich Prinz von Preußen und seine Frau Sophie leben. Sie bekommt nicht nur eine handschriftliche Antwort des Prinzen, sondern auch eine unerwartete Einladung.

München, den 1.11.18

Liebe Sophie von Isenburg,
lieber Georg Friedrich von Preußen,

Ihr habt ja lange Namen!
Ich habe gehört das ihr das nächste Kaisepaar in Deutschland werded, wenn sowas wieder eingefürt wird in Deutschland. Das wäre voll cool. So wie in England mit Prinz Harry und Prinz William, die sind echt cool.
Wie wird man überhaupt Kaiser? Eigentlich gibt es ja schon einen in Deutschland, aber ich glaube der ~~hat~~ ist nur für Fußball zuständig.
Für was seid ihr dann zuständig? Und was macht ihr jetzt? Habt ihr einen Beruf oder lernt ihr Kaisersein?
Ist Kaiser eigentlich mehr als König? Und wohnt ihr auch auf einer Burg wie die Eiskönigin?

Ich würde mich so freuen, wenn ihr Zeit habt zu antworten!

Viele Grüße aus München
Marie (9 Jahre)

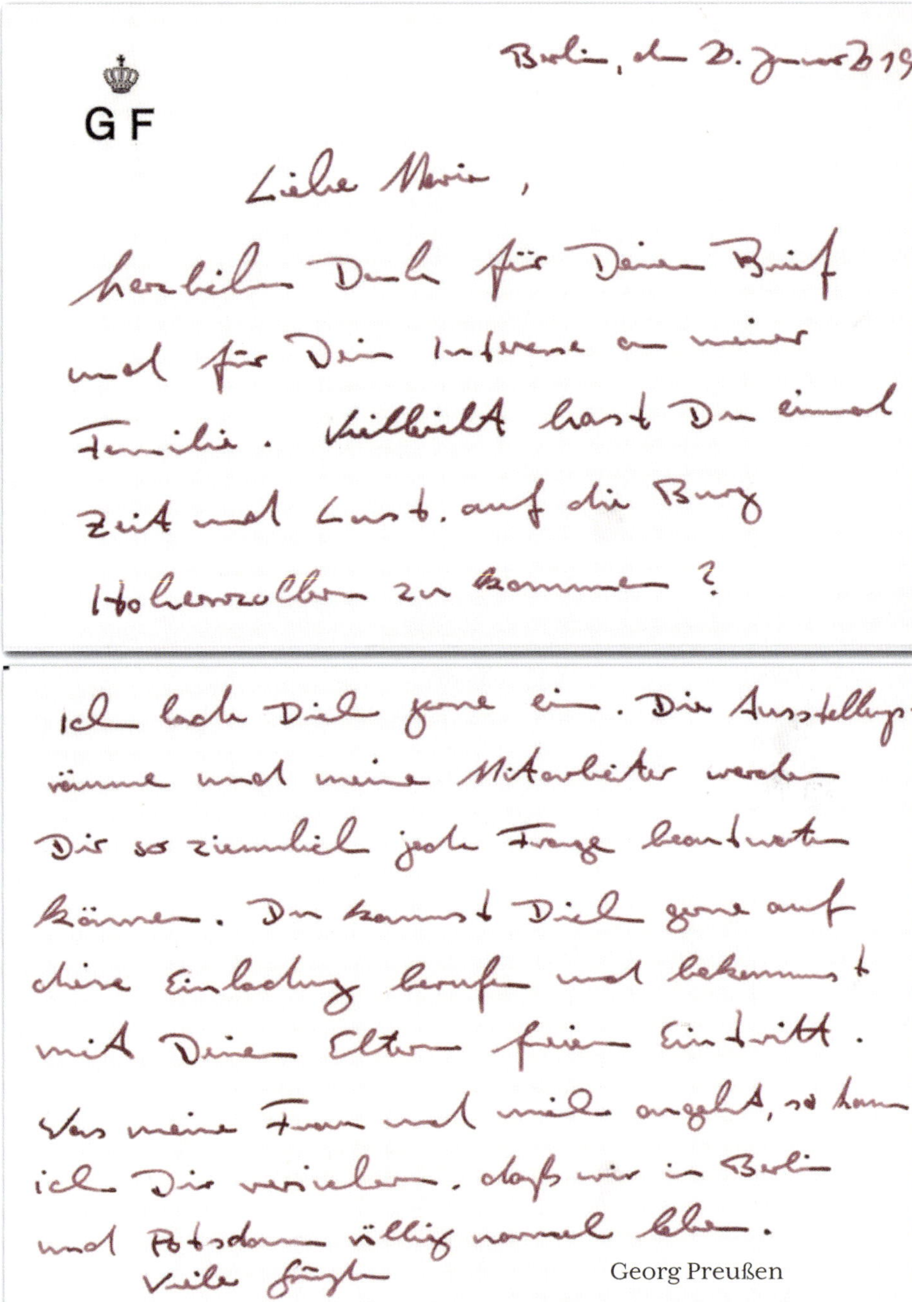

GF

Berlin, den 2. Januar 2019

Liebe Marie,

herzlichen Dank für Deinen Brief und für Dein Interesse an meiner Familie. Vielleicht hast Du einmal Zeit und Lust, auf die Burg Hohenzollern zu kommen?

Ich lade Dich gerne ein. Die Ausstellungsräume und meine Mitarbeiter werden Dir so ziemlich jede Frage beantworten können. Du kannst Dich gerne auf diese Einladung berufen und bekommst mit Deinen Eltern freien Eintritt.

Was meine Frau und mich angeht, so kann ich Dir versichern, dass wir in Berlin und Potsdam völlig normal leben.

Viele Grüße

Georg Preußen

*Berlin, den 20. Januar 2019*

*Liebe Marie,*

*herzlichen Dank für Deinen Brief und für Dein Interesse an meiner Familie. Vielleicht hast du einmal Zeit und Lust auf die Burg Hohenzollern zu kommen? Ich lade Dich gerne ein. Die Ausstellungsräume und meine Mitarbeiter werden Dir so ziemlich jede Frage beantworten können.*
*Du kannst Dich gerne auf diese Einladung berufen und bekommst mit Deinen Eltern freien Eintritt.*
*Was meine Frau und mich angeht, so kann ich Dir versichern, daß wir in Berlin und Potsdam völlig normal leben.*

*Viele Grüße*
*Georg Preußen*

## **Leonie von Hase** – Was macht einen Menschen schön?

Seit 1927 wird jährlich in einem Schönheitswettbewerb die schönste Frau Deutschlands gekürt. Sie darf dann ein Jahr lang den Titel „Miss Germany" tragen und tritt auf vielen Veranstaltungen auf. Ging es viele Jahre lang nur um das Aussehen der Kandidatinnen, soll bei der Veranstaltung 2020 erstmals die Persönlichkeit der Kandidatinnen im Fokus stehen.

Gesucht wird eine zeitgemäße Frau, die authentisch ist, mit Social Media umgehen kann und Vorbild ist. Erstmals gab es im Jahr 2020 eine rein weibliche Jury. Über viele Jahre hatten ausschließlich Männer über die Schönheit der Kandidatinnen befunden.

Mit ihren 35 Jahren war Leonie von Hase 2020 die bisher älteste Gewinnerin in der Geschichte des Wettbewerbs. Sie lebt mit ihrem Partner und ihrem Sohn in Kiel, hat einen Bachelor in englischer Literatur und betreibt als selbstständige Unternehmerin einen Internet-Shop für Vintage-Kleidung. Die Siegerprämie beinhaltete unter anderem ein Cover-Shooting für die Zeitschrift Joy, mehrere Paar Schuhe und eine Jahresration Shampoo.

Marie möchte verstehen, wie man es schafft, bei der Misswahl so erfolgreich zu sein und worauf es im Leben wirklich ankommt. Einige mag es überraschen, dass die Miss Germany und Maries Mutter dabei ganz einer Meinung sind.

Liebe Miss Leonie von Hase,

-lichen Gluckwünsch dass du Miss Germany geworden bist. Du beist wirklich sehr hübsch. Ich finde es cool das du in Namibia gewohnt hast, wir waren da nähmlich im Urlaub. Hast du dort viele Löwen gesehen? Vielleicht kannst du ja auch noch Miss Namibia werden?

Was muss man als Miss noch können ausser gut aussehen? Kannst du mir ein paar Tips geben, wie ich auch mal eine Misswal gewinnen kann?

Meine Mama sagt immer es ist gar nicht wichtig wie man aussiht. Es ist wichtiger das man nett zu allen ist. Und gut in der Schule. Sagst du das auch immer zu deinem Kind?

Sind viele neidisch auf dich? Stört dich dass? Und was willst du jetzt als Miss Germany machen wo berühmt bist?

Ich hoffe sehr, du schreibst mir zurück!

Deine Marie

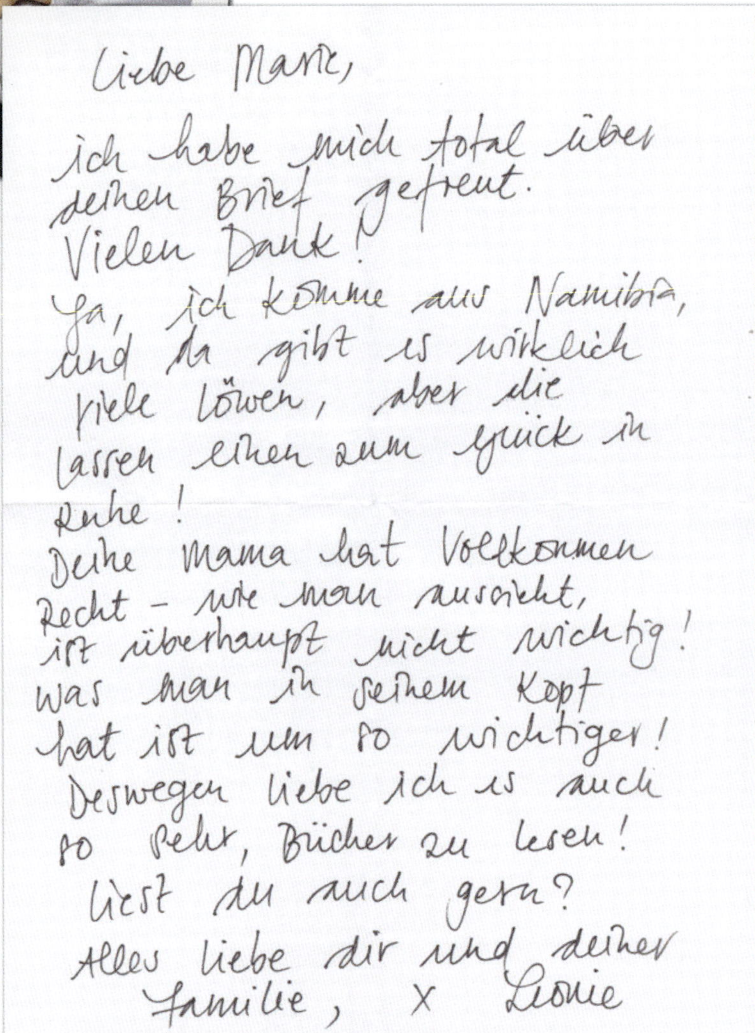

Liebe Marie,

ich habe mich total über deinen Brief gefreut.
Vielen Dank!
Ja, ich komme aus Namibia, und da gibt es wirklich viele Löwen, aber die lassen einen zum Glück in Ruhe!
Deine Mama hat Vollkommen Recht – wie man aussieht, ist überhaupt nicht wichtig! Was man in seinem Kopf hat ist um so wichtiger! Deswegen liebe ich es auch so sehr, Bücher zu lesen!
Liest du auch gern?
Alles Liebe dir und deiner Familie, x Leonie

## **Barbie** – Warum ist sie so dünn?

Seit 1959 verkauft die amerikanische Firma Mattel Barbie-Puppen. Seither sind viele Generationen von Mädchen mit der schlanken, blonden und dauerlächelnden Ankleidepuppe aufgewachsen.

Entstanden ist Barbie zunächst als „Lilli". Der Bild-Zeitungs-Karikaturist Reinhard Beuthin hatte Lilli 1952 als Lückenfüller einer leeren Zeitungsspalte entworfen.[1] Die Zeichnung wurde täglich abgedruckt und mit teils anrüchigen Sprüchen versehen. Da die Figur so erfolgreich wurde, beschloss die Bild-Redaktion ein Jahr später, eine Puppe nach dem Vorbild der Zeichnung herstellen zu lassen.

1959 entdeckte die Mitgründerin des US-Spielwarenherstellers Mattel die Puppe auf einer Rundreise in Europa und brachte sie ihrer Tochter mit. Da sie von ihr begeistert war, kam ihr die Idee, eine Puppe herzustellen, bei der man die Kleidung wechseln konnte. Mattel sicherte sich daraufhin die Rechte an Lilli und benannte die Puppe in Barbie um.

Kritiker bemängeln immer wieder die Proportionen der Puppe mit ihrer geringen Taille und der großen Oberweite, die nicht den tatsächlichen Maßen einer Frau entspricht. Wissenschaftler haben sogar herausgefunden, dass eine Frau mit Barbie-Maßen (umgerechnet 99–46–84) nicht lebensfähig wäre.[2] In den letzten Jahren kamen zusätzlich Barbies mit verschiedenen Körpergrößen, unterschiedlichem Körperbau und diversen Hautfarben auf den Markt.

Marie hat nachgefragt, wie Barbie zu ihrer ursprünglichen Figur gekommen ist und wie sie sich selbst am besten gefällt. Ob sie so mehr über die bekannte Puppe erfahren kann?

Liebe Barbiefabrik,

Ich habe ein par Fragen an Barbie:

Ich habe 3 Barbies und ich spiele fast jedentag mit ihnen. Aber ich habe ein par Fragen.

Du bist ja immer sehr dünn und geschminkt. Kannst du mir sagen wie man so schlank wird? Was ist du zum Fruhstück? Und gehst du ins Kinderturnen? In echt sieht ja fast keiner so aus wie du. Mama hat mir gesagt das man dich jetzt auch in dick und in kleine kaufen kann. Was gefällt dir am besten?

☐ dünn

☐ klein

☐ dick  Kreutze an!

Gibt es auch schwangere Barbies? Oder Barbiebabys?

Ich freue mich auf deinen Brief.

Deine Marie

Hallo liebe Marie,

wie schön von Dir zu hören. Ich habe mich sehr über Deinen Brief und Deine spannenden Fragen gefreut. Jetzt will ich mir auch ein bisschen Zeit nehmen, um Dir alles ganz genau zu erklären. Mich gibt es ja schon eine ganze Weile, bereits seit mehr als 60 Jahren. Wir sind also schon fast so alt wie Deine Oma und in dieser Zeit eine große Familie geworden. Ich war schon Pilotin, Astronautin, Polizistin, Prinzessin und Fußballerin. Ich hatte lange Haare, kurze Haare, blonde Haare, schwarze Haare, manchmal bin ich geschminkt und ganz farbenfroh, manchmal ganz natürlich. Auch meine Figur hat sich verändert, heute kann ich sportlich, kurvig, mutig und außergewöhnlich sein. Ich kann alles sein, was ich immer wollte und das kannst Du auch liebe Marie. Dazu möchte ich Dich ermuntern und Dich immer wieder daran erinnern, wenn Du mit mir spielst. Ganz egal wie groß oder klein Du bist, welche Hautfarbe Du hast und welche Kleidung Du trägst, das was zählt sind Deine inneren Werte und dass Du glücklich bist.

Deine Barbie

## **Das Christkind** – Woher bekommt es die vielen Geschenke?

Jeder Deutsche wollte 2019 im Durchschnitt 475 Euro für Weihnachtsgeschenke ausgeben.[3] Für den Einzelhandel ist das Weihnachtsgeschäft im November und Dezember ein bedeutender Wirtschaftsfaktor. Gut, dass es beim Besorgen und Ausliefern Helfer gibt!

Während in manchen Teilen Deutschlands der Weihnachtsmann unerkannt Geschenke bringt, ist anderswo das Christkind im Einsatz. Wurde der Weihnachtsmann in seinem heutigen rot-weißen Gewand durch eine Werbekampagne von Coca-Cola bekannt, geht der Brauch um das Christkind auf Martin Luther zurück. Als Gegner der Heiligenverehrung suchte der Reformator im frühen 16. Jahrhundert nach einer Alternative zu Sankt Nikolaus, der davor über Jahrhunderte die Rolle des Gabenbringers innehatte.

Heute kommt das Christkind hauptsächlich in katholischen Gegenden in Süddeutschland und in Österreich, während der Weihnachtsmann in evangelischen Gegenden in Nord- und Ostdeutschland zu finden ist.

Marie möchte diese Aufteilung genauer verstehen und fragt sich, wie das Christkind so viele Geschenke organisiert. Das Christkind antwortet ihr aus dem Weihnachtspostamt in Himmelstadt und berichtet daraufhin ausführlich von seinem Tagesablauf.

Liebes Christkind,

Wie geht es dir? Du musst bestimmt geade viel arbeiten. Ich habe ein paar Fragen an dich.

War ich dieses Ja brav genug? Ich habe mich sehr angestrengt.
Ist der Weihnachtsmann dein Freund?
Wie teilt ihr euch die Abeit auf?
Woher hast du die ganzen Geschenke? Kannst du auch bei Amazon bestellen?

Ich wünsche mir, dass keine Menschen mehr schwer krank sind und dass alle Menschen und Katzen und Hunde genug zum Essen haben. Außerdem wünche ich mir noch eine Schwester und ein Einhon-Kuschetier.

Danke, dass du mir und den andern Kindern, jedes Jahr Geschenke bringst!

Viele Grüße
deine Marie

Liebe Marie,

**Himmelstadt im Advent**

heute war ich mit meinen Engelchen auf der Erde und wir flogen durch die weihnachtlich geschmückten Gassen. Die frischen Tannen verströmten einen wunderbaren Duft. Viele Kerzen strahlten in den Stuben mit den glänzenden Kugeln um die Wette. Je näher wir dem Weihnachtsmarkt kamen, desto mehr verspürten wir einen unbändigen Hunger. Die freundliche Marktfrau, im Stand um die Ecke, spendierte uns weiße und rosa Zuckerwatte. Ein kleines Mädchen schenkte uns frische Waffeln, bestrichen mit einer köstlichen Marmelade. Natürlich gab es auch herrlich duftenden Kinderpunsch und heiße Schokolade. Ich glaube, die Marktfrauen haben uns angesehen, dass wir großen Hunger und Durst hatten. Wir begegneten vielen fröhlichen Menschen, die sich vorbereiteten auf das Fest der Geburt Jesu. Es war ein ganz toller Abend für uns und ich denke, dass wir ihn wiederholen sollten. Vielleicht treffen wir auch dich, wenn du voller Vorfreude auf das Weihnachtsfest durch die geschmückten Gassen springst.

Habe ich dir schon erzählt, dass bereits viele tausend Briefe in unserer himmlischen Schreibstube eingetroffen sind? Die fleißigen Postboten bringen täglich viele Säcke, gefüllt mit Briefen von euch Kindern aus der ganzen Welt. Meine tüchtigen Helferlein sitzen bereits in der Schreibstube und warten auf mich. Sie öffnen und sortieren die Post und werden mit mir zusammen eure Briefe und Wunschzettel lesen und beantworten. Die von euch mitgeschickten tollen Bilder und Bastelarbeiten hängen wir in der Schreibstube auf, wo sich ein jeder daran erfreuen kann.

Ach, fast hätte ich es vergessen zu erwähnen. Wie bei euch auf der Erde haben auch wir im letzten Jahr in unserem himmlischen Café eine Adventsfeier veranstaltet. Ich lud alle Helferlein zu einer Kaffeerunde ein. Der Engel Johanna aus der Engelbackstube versorgte uns mit ihren himmlischen Plätzchen. Wir versammelten uns um den Adventskranz, sangen Weihnachtslieder und ließen uns das köstliche Gebäck und den leckeren Weihnachtstee schmecken. Die Engel, Wichtel und Bären haben kurze und lange Wunschzettel und Brieflein vorgelesen. Wir haben gelacht, geschmunzelt und gestaunt aber vor allem haben wir uns über die vielen Briefe gefreut. Es war eine wunderschöne Feier!

Jetzt wünsche ich dir eine zauberhafte Adventszeit und gesegnete Weihnachten. Bestimmt wird auch einer deiner Wünsche in Erfüllung gehen.

Alles Liebe und Frieden auf Erden.

Dein Christkind

Einkaufen

## **Bringmeister** – Kaufen wir bald nur noch online ein?

Für viele Deutschen ist es schon zur Normalität geworden, dass Supermärkte Avocados aus Chile, Äpfel aus China und Erdbeeren aus Spanien verkaufen. Der moderne Konsument erwartet schließlich, dass er sämtliches Gemüse und Obst das ganze Jahr über kaufen kann.

Und Deutschland produziert mit 22 Prozent tatsächlich nur einen kleinen Teil der hier verzehrten Obstmenge. Beim Gemüse sind es immerhin knapp 36 Prozent, der Rest wird vor allem aus Holland, Spanien und Italien importiert.[4]

Seit einigen Jahren bieten die großen Handelsketten jedoch vermehrt regionales Obst und Gemüse an, weil für einige Käuferschichten kurze Transportwege und ein geringer ökologischer Fußabdruck wichtige Kriterien sind und nicht ausschließlich der Preis entscheidend ist. So hat z. B. Edeka die Eigenmarke „Unsere Heimat – echt und gut" etabliert.

Um dem allzeit beschäftigten Großstädter ein bequemes Einkaufserlebnis von zu Hause zu ermöglichen und dieses Geschäft nicht alleine Amazon zu überlassen, bieten immer mehr Supermarktketten in großen Zentren wie München, Berlin und Hamburg inzwischen auch Lieferdienste an.

Marie hat das zusammen mit ihrer Mama ausprobiert und war begeistert von der großen Auswahl. Überrascht hat sie jedoch die Herkunft der Zwiebeln.

Unser
Sortiment
EDEKA Zwiebeln aus Neuseeland, Kl. II
1kg Netz
1,79€* / 1kg
1
1,79€

Liebe Bringmeister,

gestern haben wir das erste mal Essen im Internet bestellt bei euch.
Ich musste ~~m~~ Mama beim Aufräumen von den Lebensmitteln helfen. Da hat sie sich furchtbar aufgeregt, dass die Zwiebeln aus ~~N~~ Neuseeland kommen. Sie hat mir auf dem Globus gezeigt, wo Neuseeland ist. Das ist ja total weit weg, weiter geht ja gar nicht mehr. Wieso holt ihr Zwiebeln von so weit her? Die wachsen doch auch bei uns zum Beispiel bei meiner Oma im Garten.
Das ist doch voll schlecht für die Umwelt wenn da ein ganzes Zwiebel-Flugzeug nach Deutschland ~~fahren~~ fliegen muss! Warum macht ihr das dann?

Kaufen viele Leute bei euch ein? Und wer packt das ganze Essen zusammen, damit auch jeder das richtige bekomt?

Ich bin gespannt auf eure Antwort!

Viele Grüße
Marie (ich bin 9 Jahe alt)

Bringmeister.de
Partner von EDEKA

Bringmeister GmbH · Wattstraße 11 | 13355 Berlin

Fräulein
Marie Meier

**Berlin, 05.07.2018**

Liebe Marie,

vielen Dank für Deinen Brief. Wir können Deine Bedenken gut verstehen. Auch wir finden es gut, Produkte zu verkaufen, die hier gewachsen sind. Da die Früchte aber nicht das ganze Jahr über wachsen, kaufen wir auch aus anderen Ländern zu (wenn dort Erntezeit ist). Schließlich möchten unsere Kunden das ganze Jahr über z.B. Zwiebeln essen. Zurzeit bekommt man bei uns alternativ Schalotten aus Deutschland.

Alle unsere Produkte befinden sich bis zur Auslieferung in unserem Lager in der Nähe von München. Die Bestellungen werden dann von unseren Mitarbeitern vor Ort sorgfältig zusammengestellt und zeitnah in bester Qualität an unsere Kunden ausgeliefert.

Wir freuen uns, dass Du und Deine Mama bei uns bestellt habt und hoffen, euch auch in Zukunft frische und regionale Produkte liefern zu dürfen.

Viele Grüße
Dein Bringmeister Team

## **Rewe** – Warum ist selbst Bio-Obst in Plastik verpackt?

Das Thema Plastikmüll hat in den letzten Jahren immer mehr an Bedeutung gewonnen. Schon 2016 sorgte eine Studie der Ellen McArthur Foundation für Aufsehen, die den Plastikeintrag in die Weltmeere untersucht hat.[5] Die Autoren der Studie kamen zu dem Ergebnis, dass das Plastik in den Ozeanen im Jahr 2050 mehr wiegen könnte als alle darin lebenden Fische zusammen.

Obwohl die Abfallentsorgung in Deutschland und den meisten anderen europäischen Ländern vergleichsweise gut geregelt ist, sieht man auch hier immer wieder illegale Müllablagerungen in der Natur, sei es ein ausrangierter Kühlschrank oder abgefahrene Reifen. Insbesondere Einwegplastik sollte nach Ansicht von Umweltverbänden und Experten für einen nachhaltigeren Umgang mit Ressourcen vermieden werden.

Marie kann nicht verstehen, warum gerade Bio-Gemüse so oft in Plastik eingepackt ist. Natural Branding könnte hier Abhilfe schaffen. Wissen Sie denn, was das ist?

Lieber Rewe,

wir kaufen immer bei euch ein weil ihr der näxte Supermarkt seit. Das einkaufen macht mir Spaß.

Mama will immer Bio kaufen weil dass gesunder ist. Aber die Sachen sind fast immer in Plastik ein gepackt. Ich habe in der Schule von meiner Lehrein Frau Stadler gelernt, dass man keinen Plastik kaufen soll, weil der das Meer verschmutzt. Könnt ihr den Plastik nicht einfach weglassen?

Viele Grüße
eure Marie (9 Jahre)

REWE GROUP

REWE Group Buying GmbH · Domstraße 20 · 50603 Köln

Marie Meier

Ihre Zeichen | Ihre Nachricht vom | Durchwahl | Unsere Zeichen | Datum

**Deine Nachricht an REWE bezüglich Plastikverpackungen**

Liebe Marie,

vielen Dank für Deinen Brief.

Gerne geben wir Dir einige Information zu den Gründen, warum Obst und Gemüse verpackt ist:

Es liegt auch in unserem ökologischen wie ökonomischen Interesse, Verpackungen auf ein Mindestmaß zu verringern. Bei bestimmten Lebensmitteln spielen Verpackungen jedoch eine zentrale Rolle im Hinblick auf Qualität, Frische, Unverwechselbarkeit, Hygiene oder notwendige Produktangaben.

Auf dem Weg vom Feld in den Einkaufswagen ist frisches Obst und Gemüse vielen äußeren Einflüssen ausgesetzt, die einen Schutz der zum Teil recht empfindlichen Ware erfordern. Der Einsatz von Verpackungen ist auch immer dann sinnvoll, wenn sich dadurch die Haltbarkeit der Ware verlängert und sie länger frisch bleibt. Dem zusätzlichen Verpackungsaufwand steht so ein geringerer Verlust von Lebensmitteln gegenüber. Verpackung widerspricht in dem Zusammenhang eben nicht grundsätzlich den Leitlinien nachhaltigen Wirtschaftens.

Folie ist dabei als Verpackungsmaterial aufgrund Ihrer Eigenschaften gut geeignet: robust, dabei sehr leicht, transparent, anpassungsfähig, widerstandsfähig gegen Beeinträchtigungen wie Feuchtigkeit und Abrieb. Darüber hinaus beeinflusst Plastikfolie die Ware selbst nicht negativ, ist kostengünstig und wird über das Duale System weitestgehend wieder dem Wertstoffkreislauf wieder zugeführt.

Auch spielen hygienische Fragen eine Rolle für die Verwendung von Folie. Denn wir erhalten ebenso Kundenschreiben, die Verpackung explizit bei Obst und Gemüse, das ungeschält und roh verzehrt wird, einfordern, weil diese zuvor womöglich Kontakt mit vielen Händen hatten.

Schreiben vom 25.07.2018
Seite 2

Da unsere Märkte sowohl konventionelle als auch ökologisch erzeugte Lebensmittel verkaufen, müssen wir des Weiteren zusätzlichen Aufwand betreiben, um eine Verwechslung grundsätzlich auszuschließen. Unsere Kunden müssen sich darauf verlassen können, das Bio auch Bio ist. Bisher wurde dies klassisch dadurch erreicht, dass die Bio-Produkte gesondert verpackt werden. Nicht nur bei uns, sondern auch bei anderen Händlern, die biologische und konventionelle Ware anbieten.

Soviel zu den Gründen zum Einsatz von Plastikfolie. Aber auch wir sind der Auffassung, dass Plastikverpackungen oder Verpackungen generell zukünftig weiter reduziert werden müssen. Daher beschäftigen wir uns intensiv mit dem Thema und erproben mögliche Alternativen zu Verpackungsmaterial aus Kunststoff. So testen wir bei geeigneten Bio-Früchten wie zum Beispiel Avocado und Süßkartoffel das sogenannte Natural Branding. Das ist eine Technologie, die mit Hilfe eines gebündelten Lasers alle notwendigen Informationen durch eine kontaktlose Methode direkt auf die Schale des Produktes lasert, eine Verpackung mit Etikett entfällt dadurch. Bio-Äpfel werden in Trays aus Graspapier eingesetzt. Bei Bananen haben wir auf eine Klebebanderole umgestellt, sodass die Verpackung in eine Folie entfällt.
Zusätzlich gibt es - zu mindestens in der jeweiligen Erntesaison – in vielen Märkten unseres Unternehmens auch eine „lose Alternative". Hierfür kannst Du natürlich Deinen eigenen Beutel mitbringen und die Ware nach dem Kauf dort hinein legen.

Wir sind uns unserer Verantwortung bewusst, aber vieles geht nicht „mal eben so". Die Umsetzung unserer Nachhaltigkeitsstrategie ist ein langfristiger Prozess, den wir oft nur in kleinen Schritten realisieren können. Denn trotz unserer nachhaltigen Ausrichtung betreiben wir bundesweit Vollsortiments-Supermärkte, die den "Massenmarkt" als Zielgruppe haben und die vielfältigen Interessen der Kunden sowie der Lieferanten müssen berücksichtigt werden. Mögliche Verpackungsalternativen müssen auch im Logistikprozess praktikabel und wirtschaftlich vertretbar sein, sowie vom Kunden positiv angenommen werden.

Aber sei Dir sicher - wir bleiben dran!

Ihr REWE QS-Kundenservice

Mit freundlichen Grüßen

REWE Group
Qualitätsmanagement

Silke Audehm

Datenschutzhinweis: Ihr Name, Ihre Kontaktdaten und Ihr Anliegen werden zum Zwecke der Verarbeitung Ihres Anliegens gespeichert. Alle Details hierzu entnehmen Sie bitte unserer Datenschutz-Erklärung auf
www.rewe.de/service/datenschutz
www.penny.de/unternehmen/datenschutz

Hinweis: Die im Brief enthaltenen Aussagen wurden im Jahr 2018 getätigt und die beschriebenen Vorgehensweisen sind heute möglicherweise schon überholt bzw. fortgeschritten.

## **dm** – Wie ging die Drogeriekette mit Hamsterkäufen während der Coronakrise um?

Zu Beginn der Coronakrise im März 2020 kam es in Deutschland vermehrt zu Hamsterkäufen. Die Nachfrage nach bestimmten Produkten wie zum Beispiel Mehl, Hefe, Nudeln, Seife und Toilettenpapier stieg enorm an und vielerorts gab es leere Regale, weil die Supermärkte Probleme mit dem Nachschub hatten. Mitte März kauften die Deutschen in einer Woche viermal so viel Seife und dreimal so viel Toilettenpapier wie im Durchschnitt der vorangegangenen sechs Monate.[6]

Auch dm, die größte Drogeriemarktkette Europas, bekam den Ansturm zu spüren. Besonders den Mitarbeiterinnen und Mitarbeitern wurde in dieser Zeit viel abverlangt. So mussten eilig Vorkehrungen getroffen werden, um den Infektionsschutz in den Filialen zu gewährleisten, Unmengen an Waren in die Regale geräumt und Sonderschichten in den Verteilzentren geleistet werden.

Marie will besser verstehen, wie dm mit dieser Situation umgegangen ist.

9. April 2020

Lieber DM-Chef,

wir kaufen oft bei euch ein vorallem Sachen fürs Bad, also Schampuh, Seife und Klo-papier. Und Putzsachen und Zahnpassta. Letzte Woche wollten wir Klopapier kaufen, aber es gab keins mehr weil alle so viel davon kaufen, weil jetzt alle daheim sind und daheim aufs Klo gehen.

Woher bekommt ihr eue Klopapier? Gibt es bald wieder genug für alle?

Mama hat mir gesagt das die Mitarbeiter jetzt sehr viel arbeiten müssen weil sie soviel einraumen müssen und die Leute soviel kaufen. Bekommen die Mitarbeiter dann mehr Gelt als sonst?
Ich habe gesehen wie jemand an der Kasse sehr gemein war zu der Kassierin weil er kein Klopapier Bekommen hat. Das war total unfair! Bitte sag allen, die jetzt so viel arbeiten danke von mir.

Ich hoffe, du schreibst mir balt, das mit dem Klopapier interesiert mich wirklich.

Deine Marie

P.S.: Wir haben noch welches.

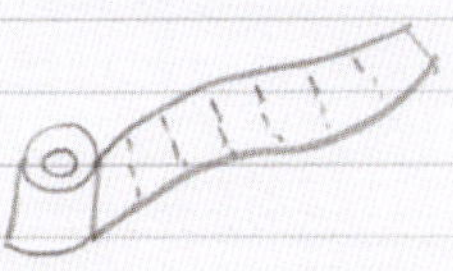

dm

HIER BIN ICH MENSCH
HIER KAUF ICH EIN

dm-drogerie markt GmbH + Co. KG Am dm-Platz 1 76227 Karlsruhe

Deine Nachricht vom: 15.04.2020
Unser Zeichen: INC2867937

Marie Meier

Ansprechpartner:
Telefon: 0800 3658633 (gebührenfrei)
Montag bis Samstag von 8:00 bis 20:00 Uhr
Telefax: 0721 552213
E-Mail: servicecenter@dm.de

Datum: 21.04.2020

**Deine Anfrage an dm-drogerie markt**

Liebe Marie,

ich habe mich sehr über Deinen Brief gefreut und versuche Deine Fragen zu beantworten.

Die aktuelle Situation stellt uns natürlich alle jeden Tag vor neue Herausforderungen. Wir alle erleben derzeit eine Ausnahmesituation, in der es auch mal zu Diskussionen oder kurzzeitigem Unmut zwischen unseren Kunden und den dm-Mitarbeitern kommen kann. Die Teams in den dm-Märkten tun tagtäglich ihr Bestes, um zum einen die Grundversorgung aufrecht zu erhalten und zum anderen die Gesundheit aller Kollegen und die der Kunden bestmöglich zu schützen.

Wir arbeiten derzeit gemeinsam mit unseren Lieferanten mit Hochdruck daran, die Engpässe die es derzeit, gerade bei den Hygienepapieren, gibt zu beheben, so dass jeder Kunde wieder alles findet, was er für den täglichen Bedarf braucht. Leider können wir Dir nicht sagen, woher wir unser Toilettenpapier beziehen. Das ist unser Betriebsgeheimnis.

Alle Mitarbeiterinnen und Mitarbeiter in den dm-Märkten leisten derzeit wirklich Unglaubliches, um alle Kundenbedürfnisse zufrieden zu stellen. Daher erhalten alle eine Anerkennung in Form einer Sonderausschüttung, auch wenn Engagement und Durchhaltevermögen letztendlich unbezahlbar sind. Dies wurde bereits beschlossen und wird in den kommenden Tagen erfolgen.

Als ganz kleines Dankeschön für Deine Mühe, sende ich Dir gerne anbei einen Gutschein über 4 Probiergrößen zu. Diesen kannst Du in einem dm-Markt Deiner Wahl einlösen.

Ich wünsche Dir und Deiner Familie, dass alle gesund bleiben und bald wieder alle Produkte in eurem dm-Markt findet, die Ihr benötigt.

Viele Grüße

dm-drogerie markt GmbH + Co.KG

*Christoph Werner*
Geschäftsführung

## **KiK** – Wie können Kleidungsstücke so günstig sein?

Während es in der Generation unserer Großeltern in den Modeläden eine Kollektion pro Jahreszeit gab, bringen große Modeketten wie Zara und H&M heute bis zu 24 Kollektionen pro Jahr heraus.[7] Man erwartet sich, dass sich die Kunden öfter im Jahr neu einkleiden und diese Rechnung scheint durchaus aufzugehen.

Schon 2016 wurden in Deutschland im Durchschnitt mehr als 60 neue Kleidungsstücke pro Jahr gekauft, so viele wie nie zuvor.[8] Das Schlagwort der „Fast Fashion" macht immer häufiger die Runde. Dieses Geschäftsmodell des Textilhandels basiert neben dem schnellen Wechsel von Kollektionen auf verminderter Haltbarkeitsdauer der Kleidung und günstigen Preisen. Dieser Preisdruck wird an die Modehersteller in Ländern wie Bangladesch weitergegeben, wo Näherinnen und Näher unter schwierigen Umständen für geringen Lohn arbeiten müssen.

Gemessen an der Anzahl der Filialen ist KiK der größte Textildiscounter Deutschlands. Mit extrem günstiger Kleidung wie zum Beispiel T-Shirts für 2,99 Euro ist KiK sehr erfolgreich. Das Unternehmen geriet aber auch immer wieder aufgrund seines Umgangs mit den eigenen Mitarbeitern sowie wegen der Arbeitsbedingungen bei Zulieferern in die Schlagzeilen.

Timo möchte genauer verstehen, warum KiK so günstig verkaufen kann. In einer ausführlichen Antwort erklärt die Firma, was bei ihnen anders ist als bei anderen Modeunternehmen. Und einen Tipp bezüglich Timos Taschengeld gibt es auch.

Lieber Kik,

ich möchte gerne wissen warum eure Klamotten so billig sind. T-Shirts kosten bei euch ja genauso wenig wie eine große Tafel Schokolade. Kostet die Wolle so wenig? Oder verdienen eure Mitarbeiter ganz wenig? Oder verdient der Kik-Besitzer nur ganz wenig? Oder alles zusammen?

Mama und Papa sagen dass wir nichts bei Kik kaufen sollen weil die Näher in Asien ganz hart arbeiten müssen und fast kein Geld kriegen. Und dann ist es auch noch gefährlich weil die Gebäude oft schlecht sind und sogar schon welche eingestürzt sind. Warum ändert ihr dass nicht? Ich würde auch zwei Taschengelder (10 Euro) ausgeben wenn die Näher dann mehr Geld haben.

Und bekommen die Näher an Weinachten Ferien?

Liebe Grüße
Euer Timo

Hallo Timo,

herzlichen Dank für Deinen Brief. Wir finden es klasse, wenn sich junge Menschen über Nachhaltigkeitsthemen Gedanken machen.

Gerade in Deiner Altersgruppe der zwölf bis 14jährigen versteht man mehr und mehr, wie komplex manche Fragen und dementsprechend die dazugehörigen Antworten sind. Die einfachen Antworten, die kleinere Kinder noch zu hören bekommen, funktionieren mit zwölf Jahren nicht mehr. Und das ist auch gut so!

Entsprechend nehmen wir uns die Zeit, die wir brauchen, um Deine – nur auf den ersten Blick – einfachen Fragen zu beantworten.

Du fragst, warum die bei KiK erhältliche Kleidung so günstig ist. Das hat im Wesentlichen zwei Gründe:

Erstens haben viele unserer Kundinnen und Kunden nicht viel Geld. Sie müssen sich jeden Monat genau überlegen, welchen Betrag Sie für Essen oder Kleidung ausgeben können. Bei KiK gibt es gute Qualität zu einem guten Preis. Unsere Kleidung hält lange und ist zeitlos. Das ist für unsere KundInnen wichtig, weil sie sich nicht jeden Monat ein neues T-Shirt oder eine neue Hose leisten können. Kurz: unsere Kleidung ist sogenannte Basiskleidung, die man immer, überall und sehr lange tragen kann.

Zweitens sind wir sehr sparsam, wenn es um den Einsatz von Materialien, Transporten, Verkaufsflächen und Werbung geht. In diesem Zusammenhang ist es wichtig zu verstehen, dass wir unsere Textilien nicht selbst produzieren, sondern bei Kleiderherstellern einkaufen.

Weil unsere Mode das ganze Jahr über getragen werden kann, können wir unsere Bestellungen bis zu zwölf Monate im Voraus in Auftrag geben. Das spart Kosten.

Wir bezahlen unsere Zulieferer im Voraus. Das gibt unseren Auftragspartnern Sicherheit und spart gleichzeitig Kosten.

Wir lassen immer nur so viele Kleidungsstücke produzieren, wie wir wirklich brauchen. Das bedeutet: wir verkaufen unsere T-Shirts, Hemden, Hosen und so weiter zu 99 Prozent. Der kleine Rest wird gespendet. Auch das spart Kosten.

Unsere Kleidung wird nicht per Flugzeug – wie sonst üblich – sondern per Schiff und LKW transportiert. Das schont die Umwelt und spart weitere Kosten.

Wir mieten keine teuren Ladenflächen an. Unsere Geschäfte findest Du in sogenannten Randlagen. Auch dadurch sparen wir viele Kosten.

Schließlich geben wir sehr wenig Geld für Werbung aus.

Kurz: unsere Textilien sind günstig, weil wir sparsam sind und uns sehr genau überlegen, wofür wir Geld ausgeben. In diesem Punkt verhalten wir uns genauso wie unsere KundInnen.

Wo wir dagegen nicht sparen, ist beim Verdienst unserer Näherinnen und Näher. Sie bekommen alle die jeweils in ihren Heimatländern gesetzlich vorgeschriebenen Löhne. Zusätzlich setzen wir uns dafür ein, dass diese Löhne branchenweit steigen. Weißt Du übrigens, dass die NäherInnen für ein teures Luxus-Shirt den gleichen Lohn bekommen wie für ein günstiges KiK-Shirt? Unserer Meinung nach ist das nicht in Ordnung.

Wo wir ebenfalls nicht sparen, ist beim Thema Sicherheit. Unsere Zulieferer werden mehrmals im Jahr kontrolliert. Wir achten gemeinsam mit anderen Unternehmen in verschiedenen Bündnissen sehr darauf, dass zum Beispiel alle Vorgaben rund um die Themen Gebäudesicherheit oder Brandschutz genau eingehalten werden. Das ist auch der Grund dafür, dass es in den letzten Jahren keine Unglücke mehr in der Textilindustrie gegeben hat.

Ich hoffe, unsere Antworten haben Dir weitergeholfen und gezeigt, dass Vieles auf den zweiten Blick doch etwas anders ist, als es zunächst scheint. Günstig und gut passen durchaus zusammen. Aber erkläre das bloß nicht Deinen Eltern. Sonst erhöhen die Dein Taschengeld nicht.

Beste Grüße

Dein KiK

# Essen und Trinken

## **Alfons Schuhbeck** – Wie kocht man die beste Bolognese-Sauce?

Kochsendungen erfreuen sich großer Beliebtheit. Auf fast allen Kanälen wird über Essen gefachsimpelt und der Kochlöffel geschwungen. Neben der Vermittlung von Kochwissen spielt die Unterhaltung eine wichtige Rolle. Eine ganze Reihe von Köchen wie Alexander Herrmann, Tim Mälzer und Alexander Kumptner haben sich durch Ihre Auftritte im Fernsehen einen Namen gemacht.

Alfons Schuhbeck kennen wir nicht nur aus seiner eigenen Kochshow „Schuhbecks", sondern auch aus vielen anderen TV-Formaten, bei denen er immer wieder Gast ist. Daneben hat er sich ein ganzes Gastronomie-Imperium aufgebaut und ist ein umtriebiger Unternehmer. So bekocht er zum Beispiel die Profis des FC Bayern bei Auswärtsspielen, betreibt mehrere Restaurants, hat ein Catering-Unternehmen und serviert in seinem Showzelt Teatro in München ein viergängiges Menü begleitet von artistischen Einlagen namhafter Künstler. Anfang 2020 verlor Alfons Schuhbeck das erste Mal seit 40 Jahren seinen Michelin-Stern.

Timo möchte wissen, wie sich Schuhbeck nun fühlt. Leider hat Herr Schuhbeck keine Abdruckgenehmigung für seinen netten Brief erteilt, aber er hat Timo sein Rezept für Spaghetti Bolognese geschickt. Viel Spaß beim Nachkochen!

17.4.2020

Lieber Alfons Schuhbeck,

ich wollte mal fragen wie es dir geht weil dein Restoro in München
ja einen Stern verloren hat. Bist du sehr traurig?
Wir waren schon mal bei dir im Zirkuszelt. Das war sehr cool!
Das Essen war auch gut. Kochst du da wirklich jeden Abend für
alle Gäste selber? Das ist ja viel Arbeit! Und wo hast du so gut
singen gelernt?
Mich würde interesieren was dein Lieblingsessen ist. Meines ist
Spagetti Bolonese. Hast du dafür ein gutes Rezept was du mir
schicken kannst?

Ich hoffe dir gehts gut. Ich hab dir drei Sterne gemalt. Die darfst
du an die Restorotür kleben.

Schreib mir bitte zurück!

Dein Timo

Spaghetti Bolognese

Zutaten:

| | | |
|---|---|---|
| 1 | | Zwiebel |
| 1 | | Karotte |
| 1 | Stange | Staudensellerie |
| 1 bis 2 | EL | Olivenöl |
| 500 | g | Rinderhackfleisch (ersatzweise Lamm, Geflügel o. a.) |
| 2 | EL | Tomatenmark |
| 750 | g | stückige Tomaten aus der Dose (Pizzatomaten) |
| 250 | ml | Geflügelbrühe |
| | | Lorbeer |
| 2 | | halbierte Knoblauchzehen |
| 1/2 | TL | Oregano |
| 1/2 | TL | Zitronenabrieb |
| | | Salz, Pfeffer aus der Mühle |
| 1 | Prise | Zucker |
| 1 | Prise | Cayennepfeffer |

Fertigstellung:

| | | |
|---|---|---|
| 400 | g | Spaghetti |
| | | Salz oder Meeressalz |
| 1 | EL | Olivenöl |
| 100 | ml | Geflügelbrühe |
| | | Pfeffer aus der Mühle |

Zubereitung:
Zwiebel und Karotte schälen, die Selleriestange putzen, waschen und alles in möglichst kleine Würfel schneiden.
Die Gemüsewürfel in einem Topf bei milder Hitze im Olivenöl für wenige Minuten glasig anschwitzen. Das Hackfleisch einrühren und so lange braten, bis das Fleisch zerkrümelt ist und seine rosa Farbe verloren hat. Dann das Tomatenmark einrühren, anschwitzen, mit etwas Gemüsebrühe ablöschen und weitere 5 bis 10 Minuten einkochen lassen.

Die Dosentomaten mit der Brühe einrühren. Etwa zwei Stunden unter häufigem Rühren mehr ziehen als köcheln lassen. 15 Minuten vor Garzeitende das Lorbeerblatt in den Topf geben. Zum Schluss Knoblauch, Oregano und Zitronenabrieb hinzufügen. Den Knoblauch und das Lorbeerblatt nach einigen Minuten herausnehmen und die Sauce mit Salz, Pfeffer, Zucker und Cayennepfeffer würzen.

Fertigstellung:
Die Nudeln in reichlich siedendem Salzwasser sehr bissfest kochen, dabei gelegentlich umrühren. Über einem Sieb abgießen, kurz abtropfen lassen, in den Topf zurückgeben, mit Brühe und Olivenöl vermischen. Zum Schluss etwas Muskatnuss darüber reiben und pfeffern. Die Nudeln auf Pastateller verteilen und die Bolognesesauce darauf anrichten.

Tipp:
Ich gebe an tomatige Saucen gerne eine Prise Zimt oder Zimtzucker.
Man kann natürlich auch einen Zimtsplitter für einige Minuten darin ziehen lassen.
Die Bolognese kann durch jedes andere Fleischragout ersetzt werden, z.B. Hasenragout, Kaninchenragout, Rindsgulasch oder Ganserlragout. Anstatt der Spaghetti passen zu Ragout mit größeren Stücken sehr gut Bandnudeln. Je größer die Stücke, umso breiter die Nudeln.
Sollen die Nudeln vorbereitet werden, kocht man sie etwa vier Minuten unter dem Punkt, an dem sie al dente sind. Sie werden auf einem Tablett ausgebreitet, mit 1 bis 2 EL Olivenöl vermischt und zugedeckt beiseite oder kalt gestellt. Bei Bedarf dann in 350 ml Brühe erhitzen, mit Muskatnuss und Pfeffer verfeinern und mit der Bolognese anrichten.

## **Erdinger Weißbräu** – Warum ist in alkoholfreiem Bier immer noch ein bisschen Alkohol?

Es ist noch gar nicht so lange her, dass man beim Bestellen eines alkoholfreien Biers komisch angeschaut wurde. Mittlerweile ist alkoholfreies Bier weit verbreitet. Dazu tragen nicht nur berühmte Werbeträger wie Oliver Kahn und Jürgen Klopp bei, sondern auch ein groß angelegtes Sponsoring von Sportveranstaltungen wie Volksläufen, Fußballspielen und Skirennen durch Brauereien.

Auch wenn es scheint, als ob das „bleifreie" Bier eine Erfindung der letzten Jahre sei, wird es schon seit 1965 gebraut. Damals gelang es dem Schweizer Braumeister Hans Hürlimann als Erstem, mithilfe einer speziellen Hefe ein alkoholfreies Bier herzustellen.[9] Heute trinken die Deutschen jedes Jahr weniger normales Bier und der Konsum von alkoholfreiem Bier in allen Varianten nimmt immer weiter zu.[10]

In den meisten Fällen ist alkoholfreies Bier allerdings gar nicht vollkommen alkoholfrei und enthält bis zu 0,5 Volumenprozent Alkohol.

Timo möchte wissen, warum das so ist, und bekommt gleich zwei Antworten von Erdinger. Neben der Firma selbst hat sich auch der siebenjährige Sohn eines leitenden Mitarbeiters Zeit genommen, um Timo einen Brief zu schreiben.

10.05.2020

Lieber Herr Erdinger,

Ich bin 12 Jahre alt und freue mich schon wenn ich mit 16 Bier trinken darf. Papa trinkt immer ever Erdinger alkoholfrei nach dem laufen. Ich würde es auch so gerne probieren. Aber er sagt ich darf es nicht probieren weil Alkohol drin ist.

Dürfen Kinder es trotzdem trinken?

Warum ist in eurem alkoholfreien Bier überhaubt Alkohol drin?

Das ist doch dann eine Lüge oder?

Habt ihr auch ein Bier dass wirklich alkoholfrei ist?

Also ein Kinderbier?

Viele Grüße

Dein Timo

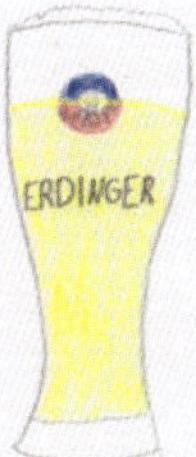

**ERDINGER Weißbräu**

Erdinger Weißbräu • Postfach 13 62 • D-85423 Erding

Erding, 20.05.2020

Lieber Timo,

vielen Dank für Deinen Brief über den wir uns sehr gefreut haben.

Uns, beim ERDINGER Weißbräu ist es sehr wichtig, dass wir verantwortungsvoll mit dem Thema Alkohol und Bier, speziell im Zusammenhang mit Kindern umgehen. Wir machen daher grundsätzlich keine Werbung für Kinder. Auch nicht für unsere alkoholfreien Biere.

Dein Papa hat Recht, dass auch im ERDINGER Alkoholfrei herstellbedingt noch eine geringe Menge Alkohol drin ist und auch drin sein darf. Das ist aber eigentlich nicht der Grund für unsere Zurückhaltung in Sachen Werbung für Kinder, weil in anderen Lebensmitteln zum Teil noch viel mehr Alkohol drin sein darf, wo man es gar nicht vermutet (z.B. Traubensaft und andere Fruchtsäfte, Kefir, Malztrunk, Sauerkraut, ...).
Es geht uns eher darum, dass man sich nicht schon als kleines Kind zu sehr an den Geschmack von Bier gewöhnt. Bier mit Alkohol ist ein Genussmittel und kein Durstlöscher. Bei unseren alkoholfreien Varianten hingegen ist es eher umgekehrt. Drum ist gerade unser ERDINGER Alkoholfrei vor allem bei Sportlern und sogar Profisportlern als isotonischer Durstlöscher sehr beliebt.

Letztendlich müssen aber immer Deine Eltern entscheiden, ob Du alkoholfreies Bier trinken darfst oder nicht.

Ich habe Dir noch einen Brief von meinem Sohn mitgeschickt, mit dem ich das Thema auch schon oft besprochen habe und der Dir das gerne mal aus seiner Sicht schildert.

Alles gute und liebe Grüße auch an Deine Eltern,

Privatbrauerei
ERDINGER Weißbräu
Werner Brombach GmbH

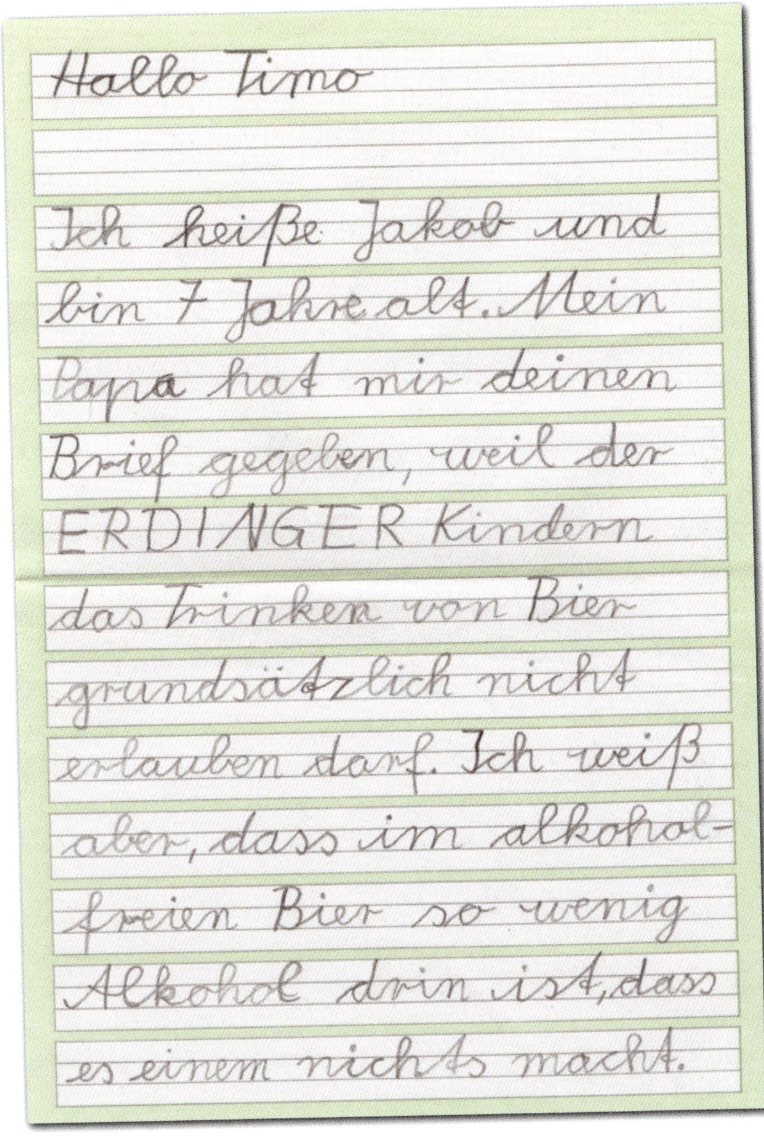

Hallo Timo

Ich heiße Jakob und bin 7 Jahre alt. Mein Papa hat mir deinen Brief gegeben, weil der ERDINGER Kindern das Trinken von Bier grundsätzlich nicht erlauben darf. Ich weiß aber, dass im alkohol-freien Bier so wenig Alkohol drin ist, dass es einem nichts macht.

In Traubensaft oder einigen anderen Lebensmitteln zum Beispiel darf mehr Alkohol drin sein. Drum trinken auch viele Schwangere oder stillende Mamas gerne das ERDINGER Alkoholfrei.

Ich persönlich mag das ERDINGER Alkoholfrei mit Zitrone und freue mich immer, wenn ich mal ein Glas bekomme.

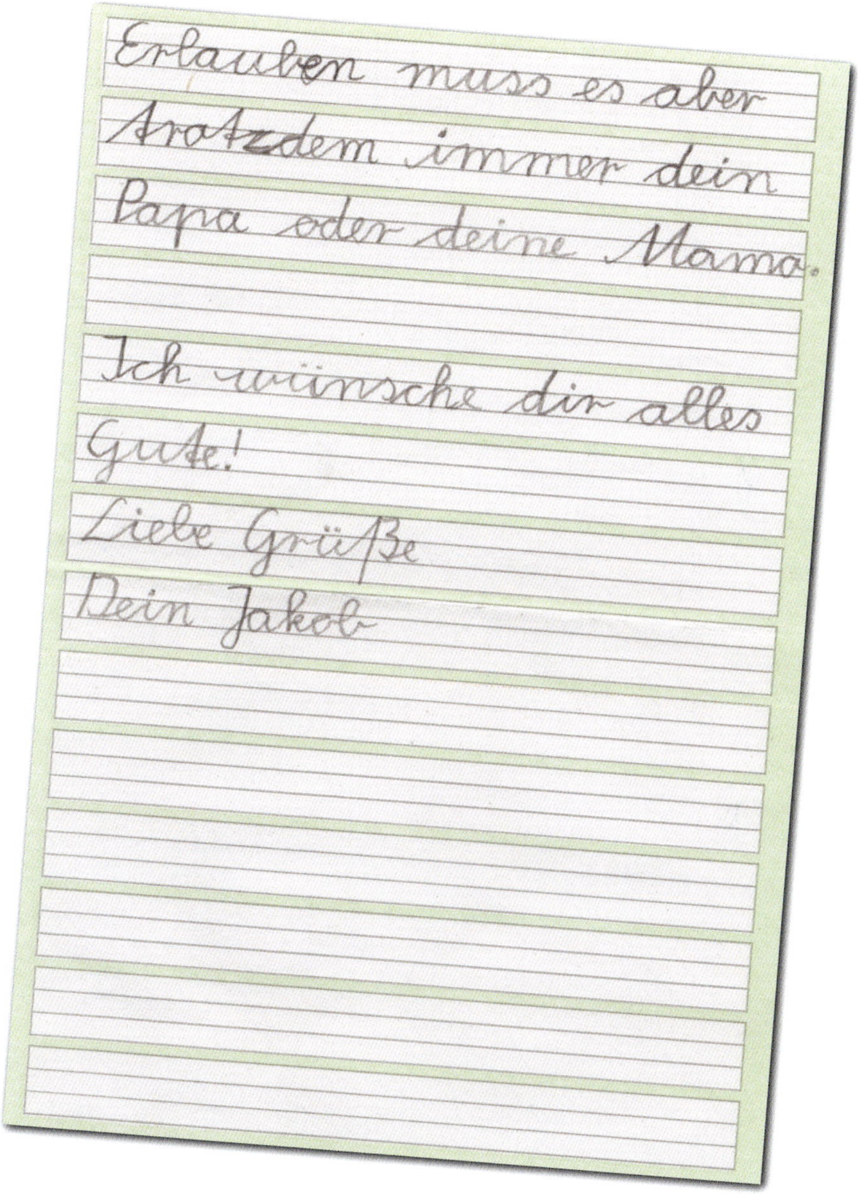

Erlauben muss es aber
trotzdem immer dein
Papa oder deine Mama.

Ich wünsche dir alles
Gute!
Liebe Grüße
Dein Jakob

100
100
EURO
100

Geld

## **Deutsche Bank** – Warum bekommen Spitzenmanager trotz Verlusten noch Zusatzzahlungen?

2019 schrieb die Deutsche Bank nach vielen Umstrukturierungen in einem schwierigen Bankenumfeld das fünfte Geschäftsjahr in Folge rote Zahlen. Trotz eines Verlusts von 500 Millionen Euro zahlte die Deutsche Bank hochrangigen Mitarbeitern schon im Geschäftsjahr 2017 Boni in Milliardenhöhe aus.[11]

Dafür hagelte es Kritik von führenden Politikern, wie zum Beispiel vom damaligen SPD-Vorsitzenden Martin Schulz, z. B. wegen vieler Entlassungen im gleichen Zeitraum.

Als der Vater von Maries Freundin seine Stelle bei der Deutschen Bank verliert, meldet sich auch bei der kleinen Marie das Gerechtigkeitsempfinden. Sie fordert vom damaligen Deutsche-Bank-Chef John Cryan eine Erklärung. Obwohl Herrn Cryans Mitarbeiter Don nicht auf alle Fragen von Marie eingeht, macht er Marie ein überraschendes Angebot.

Hallo Herr Cryan, 29. Januar 2018

Mein Name ist Marie und ich wohne in München.
Gesten Abend haben meine Eltern darüber gesprochen, dass alle Scheffs bei der deutschen Bank eine Millade Euros bekomen. Wie können sie das zahlen, wenn ihr Unternehmen in den letzten Jahren gar kein Geld vedient hat? Das weiß ich von Mama. Und wieso feuen sie andere Mitarbeiter und machen Banken zu? Man könnte doch das ganze Geld ~~be~~ besser veteilen, sodass alle ein bisschen was bekommen. Die Scheffs haben doch bestimmt eh genug Geld. Und andere, so wie der Papa von meiner Freundin Jana müssen sich jetzt eine andere Arbeit suchen, weil sie kein Geld mehr für sie ~~h~~ haben. Das finde ich gemein.
Außerdem verstehe ich nicht, wie sie soviel Geld für ihre Scheffs ausgeben können, wenn sie gar nichts verdienen. Ich bekomme manchmal 2 Euro Taschengeld für Süßigkeiten. Aber wenn ich es nicht bekomme, kann ich auch nichts ausgeben. Wieso kann die deutsche Bank sowas? Ich verstehe das nicht und Mama und Papa können es auch nicht erkleren. Können Sie das machen?

Ich hoffe ich bekomme bald eine Antwort.

Ihre Mari aus München

Deutsche Bank

Deutsche Bank AG
60633 Frankfurt am Main

Don K. Sawyer

Marie Meier

09.02.2018

**Dein Brief an John Cryan**

Liebe Marie,

danke für Deinen Brief an John Cryan. Er bittet mich, Dir zu antworten.

Ich heiße Don Sawyer (das ist ein amerikanischer Name) und bin verantwortlich für die Beantwortung der zahlreichen Briefe, die an unsere Bank gehen.

Ich gehe davon aus, dass Du noch recht jung bist und duze Dich - ich hoffe, das ist okay. Ich finde es toll, dass Du dich schon für solche Themen interessierst.

Deine Fragen sind sehr vielfältig. Ich will aber versuchen, zumindest auf Einige direkt einzugehen.

Die meisten Mitarbeiter bekommen in unterschiedlicher Form einen Bonus, nicht nur die Chefs. Das ist ein Teil des Gehaltes, der jedes Jahr anders sein kann. Vielleicht so, wie Kinder von ihren Eltern manchmal für eine gute Schulnote als Belohnung und Ansporn etwas bekommen, zusätzlich zum Taschengeld. Wir finden es richtig, gute Mitarbeiter für ihre Arbeit auch zu belohnen. Die Deutsche Bank ist ein gesundes Unternehmen. Wir haben viele Jahre gute Gewinne gemacht, davon können wir einen Teil nehmen und unseren Mitarbeitern geben. Die Milliarde, von der gesprochen wird, teilt sich auf ganz viele Köpfe auf. Unsere Mitarbeiter sind auch nicht alle reich.

Gerne würde ich mit Dir persönlich sprechen, natürlich mit Deinen Eltern zusammen. Dann können wir auch über Deine restlichen Fragen reden. Die Zeit nehme ich mir gerne und komme nach München.

Meldet Euch gern bei mir, damit wir das planen können!

Viele Grüße aus Frankfurt,

München, den 25.02.18

Lieber Don,

vielen Dank für deinen Brief. Natürlich darfst du du zu mir sagen. Ich bin froh, das die deutsche Bank ein gesundes Unternemen ist. Ich dachte immer nur Menschen können gesund sein, aber dass ist sicherlich besser als wenn die deutsche Bank krank ist. Dann ist der Bonus also wie wenn ich im Sommer für ein gutes Zeugnis einen großen Eisbecher bekomme. Und den kann die deutsche Bank nur zahlen weil sie sich Geld aufgehoben hat als sie noch Geld vedient hat. Ich hoffe euer Geld reicht noch eine Weile und ihr könnt es in Zukunft besser aufteilen unter allen Mitarbeiter, die gut arbeiten. Wenn so viele Leute eine gute Arbeit machen, muss die Bank ja auch wieder mal etwas verdienen, oder? Wie verdient eine Bank überhaupt ihr Geld?

Ich finde es cool das du mich besuchen willst. Mama sagt, wir können uns ja im Sommer treffen und einen großen Eisbecher essen wenn ich wieder ein gutes Zeugnis habe.

Viele Grüße
Marie

## **Deutsche Bundesbank** – Was ist eigentlich der Bitcoin und wie wird man damit reich?

Seit 2017 sind Kryptowährungen und speziell der Bitcoin als bekanntester Vertreter seiner Art in aller Munde. Viele Menschen sind fasziniert von Berichten über Menschen, die innerhalb kürzester Zeit zu Bitcoin-Millionären wurden, und investieren selbst über Online-Plattformen in Kryptowährungen, doch nur wenige verstehen, wie das System überhaupt funktioniert.

In der Spitze stieg der Wert des Bitcoin Ende 2017 auf einen Höchststand von fast 20.000 US-Dollar,[12] doch Anleger müssen seit jeher mit starken Kursschwankungen rechnen. Während manche Firmen wie z.B. Kodak mit dem KodakCoin auf den Zug aufsprangen und eine eigene Kryptowährung einführten, rieten die meisten Finanzexperten zur Vorsicht.

Der frühere PayPal-Chef Bill Harris sprach sogar vom „größten Betrug aller Zeiten."[13] Auch die Europäische Kommission fühlt sich auf den Plan gerufen und möchte im Laufe des Jahres 2020 eine Regulierung von Kryptowährungen auf den Weg bringen, die einheitliche Standards setzt.

Inspiriert von seinem Freund Valentin wittert Timo eine Möglichkeit, schnell viel Geld zu verdienen. Vorsichtshalber informiert er sich beim Chef der Deutschen Bundesbank.

9.4.2018

Lieber Bundesbank Chef!

mein bester Freund Valentin redet immer über Bitcoin weil sein Vater damit reich geworden ist und nicht mehr arbeiten muss. Ich würde das auch gerne so machen wie sein Papa, damit ich später mehr Fußball spielen kann und nicht so viel arbeiten muss aber Valentin weiß nicht wo man Bitcoin kauft. Mama und Papa wissen es auch nicht und selbst beim Weltspartag bei der Sparkasse wusste niemand was. Papa hat mir empfölen dir zu schreiben.

Valentin sagt Bitcoin ist wie Geld aber er kann es nicht zeigen weil es im Computer ist. Wie kann Geld im Computer sein? Und wie kann man damit reich werden? Geht das auch mit Euro?

Ich wollte mir ja auch Bitcoin kaufen. Geht das bei Dir? Habt Ihr das in eurem Tresor? Papa hat gesagt ihr seid praktisch die Sparkasse für das Land Deutschland. Stimmt das? Und was kostet Bitcoin überhaupt?

Ich hoffe Du kannst mir helfen!

Dein Timo aus München

DEUTSCHE BUNDESBANK
EUROSYSTEM

Deutsche Bundesbank · Postfach 10 06 02 · 60006 Frankfurt am Main

Timo Meier

| Ihr Zeichen, Ihre Nachricht vom | Telefon, Name | Datum |
|---|---|---|
| 9. April 2018 | | 13.April 2018 |

Lieber Timo,

herzlichen Dank für deinen Brief an den Bundesbankpräsidenten Jens Weidmann! Er freut sich über dein Interesse an Geld und wird dir gern antworten.

Zuvor möchte dich um etwas bitten. Ich heiße Dorit Feldbrügge und arbeite in der Kommunikationsabteilung der Bundesbank. Würdest du mir schreiben, in welche Klasse du gehst und was ihr im Unterricht schon über Geld gelernt habt?

Ich frage das, damit Herr Weidmann dir so antworten kann, dass du seine Erläuterungen auch verstehst.

Viele Grüße aus Frankfurt

D. Feldbrügge

Dorit Feldbrügge

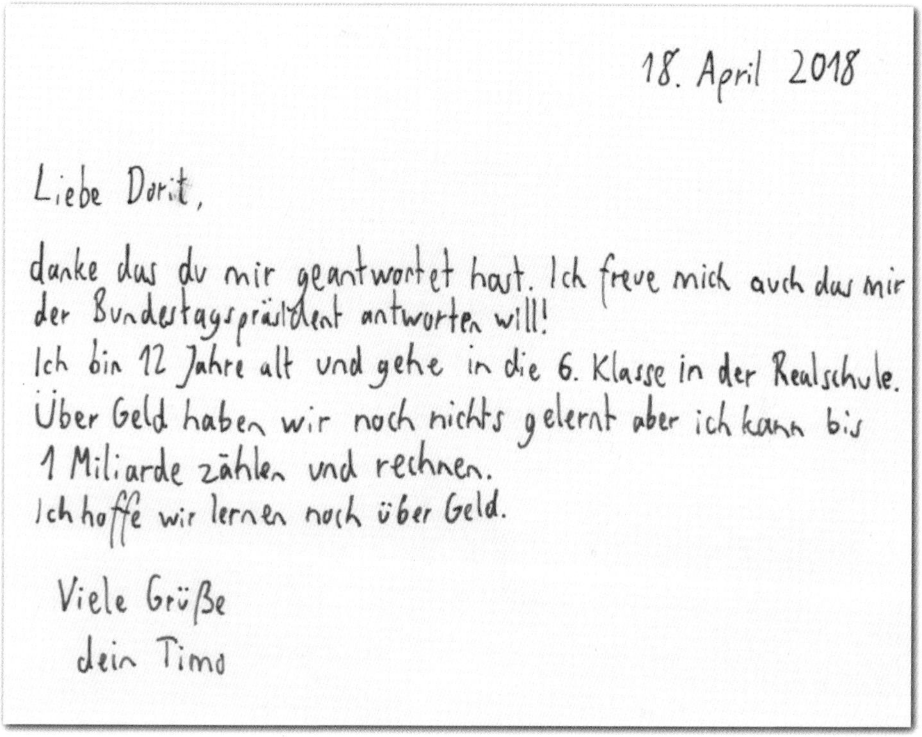

18. April 2018

Liebe Dorit,

danke das du mir geantwortet hast. Ich freue mich auch das mir der Bundestagspräsident antworten will!
Ich bin 12 Jahre alt und gehe in die 6. Klasse in der Realschule.
Über Geld haben wir noch nichts gelernt aber ich kann bis 1 Miliarde zählen und rechnen.
Ich hoffe wir lernen noch über Geld.

Viele Grüße
dein Timo

Nachdem diese Eckdaten geklärt sind, bekommt Timo tatsächlich eine Antwort von Dr. Jens Weidmann, Präsident der Deutschen Bundesbank. Ein Schülerbuch zum Thema „Geld verstehen" liegt der Antwort bei. Sie können sich dieses Buch auf der Website der Deutschen Bundesbank kostenlos bestellen und herunterladen. Vielleicht sind ja auch Anlagetipps für Sie, lieber Leser, dabei!

DEUTSCHE BUNDESBANK
EUROSYSTEM

**Dr. Jens Weidmann**
Präsident

Timo Meier

Frankfurt am Main, 8. Mai 2018

Lieber Timo,

ich habe mich gefreut, dass Du mir schreibst und so viele Fragen zu Bitcoin stellst.

Bitcoin gibt es erst seit ungefähr neun Jahren. Sie sind also noch jünger als Du. Man kann sie nicht anfassen, weil es sie nur elektronisch gibt wie ein Bild, das auf einem Computer oder einem Smartphone gespeichert ist. Kaufen kann man Bitcoin nur im Internet. Und der Preis für Bitcoin ist zeitweise sehr stark gestiegen. Während man vor einigen Jahren für einen Bitcoin nur einen Euro bezahlen musste, war der Bitcoin vor einigen Monaten erstaunliche 10.000 Euro wert.

Wer also Bitcoin günstig gekauft und dann teurer verkauft hat, kann damit sehr viel Geld verdient haben. Der Preis ist jedoch wieder gefallen und bewegt sich auf und ab wie ein Jo-Jo an seiner Schnur. Deshalb würde ich Dir von einem Kauf abraten, denn mit Bitcoin kann man nicht nur Geld gewinnen sondern auch viel Geld verlieren. Außerdem musst Du natürlich erst 18 Jahre alt werden, bevor Du selber Bitcoin kaufen darfst.

Für die Bundesbank ist Bitcoin übrigens kein richtiges Geld. Denn man kann damit nicht überall bezahlen. Zudem stellt sich immer die Frage, was ein Bitcoin-Guthaben tatsächlich wert ist. Denn im Internet ist es sehr unterschiedlich, wieviel Euro man für einen Bitcoin bezahlen muss oder wieviel Euro man für einen Bitcoin bekommt.

Unser Geld ist der Euro. Die Bundesbank gibt die Euro-Banknoten und Euro-Münzen aus und sorgt dafür, dass der Euro stabil bleibt. Mehr über Geld und den Euro kannst Du in unserem Schülerbuch „Geld verstehen" erfahren, das ich diesem Brief beilege.

Du schreibst, dass Du gern Fußball spielst. Ich finde, das ist eine wunderbare Beschäftigung. Aber glaube mir, arbeiten zu gehen ist der sicherste Weg Geld für sich und seine Familie zu verdienen und kann durchaus auch Spaß machen!

Herzliche Grüße

Dein Jens

# Internet und Fernsehen

## **Amazon** – Braucht man irgendwann keine Supermärkte mehr?

Was 1994 als Internet-Buchhandlung gegründet wurde, ist heute der größte Online-Versandhändler der Welt. Daneben hat das amerikanische Unternehmen noch weitere Geschäftsbereiche aufgebaut und zählt unter anderem zu den führenden Dienstleistern im Bereich Cloud-Computing. Immer beliebter werden auch das Spracherkennungssystem „Echo" und der Dienst „Amazon Prime", der gegen Zahlung einer jährlichen Gebühr einen Streamingdienst für Musik und Videos sowie weitere Vorteile beim Versand von Bestellungen bietet.

1998 ging erstmals eine deutsche Version der Website von Amazon online. Inzwischen ist Deutschland für Amazon zum wichtigsten Auslandsmarkt geworden. Viele Deutsche haben ihr Einkaufsverhalten in den letzten zwanzig Jahren stark verändert und laut der Total Retail Studie 2017 von PWC[14] bestellen 9 von 10 Deutschen beim US-Händler.

Dennoch ist Amazon immer wieder Objekt der öffentlichen Kritik, sei es wegen des Vorwurfs des Marktmachtmissbrauches, fragwürdiger Arbeitsbedingungen in den Verteilzentren und bei den Zustellern oder der Vernichtung neuwertiger Produkte.

Timo will genauer verstehen, wie der US-Konzern tickt und bekommt unerwarteterweise sogar eine handgeschriebene Antwort und einen Schokoladen-Adventskalender.

25.11.2018

Liebes Amazon,

warum heißt ihr eigentlich so?
Man kann bei Euch ja alles bestellen, sogar Lebensmittel. Braucht man dann irgendwann keine Supermärkte mehr? Wo arbeiten dann die Verkäufer aus den Läden?

Ich frage mich wie dann kleine Kinder wie meine Schwester Marie selber etwas einkaufen können. Sie hat ja noch kein Smartphone.
Kann man bei euch auch irgendwann Autos kaufen?

Und ich habe bei meinen Eltern gehört dass ihr viele neue Sachen wegschmeißt, wenn sie zurückgeschickt werden. Stimmt das? Und warum macht ihr das und spendet das nicht an arme Kinder oder Erwachsene?

Liebe Grüße

Euer Timo (12 Jahre alt)

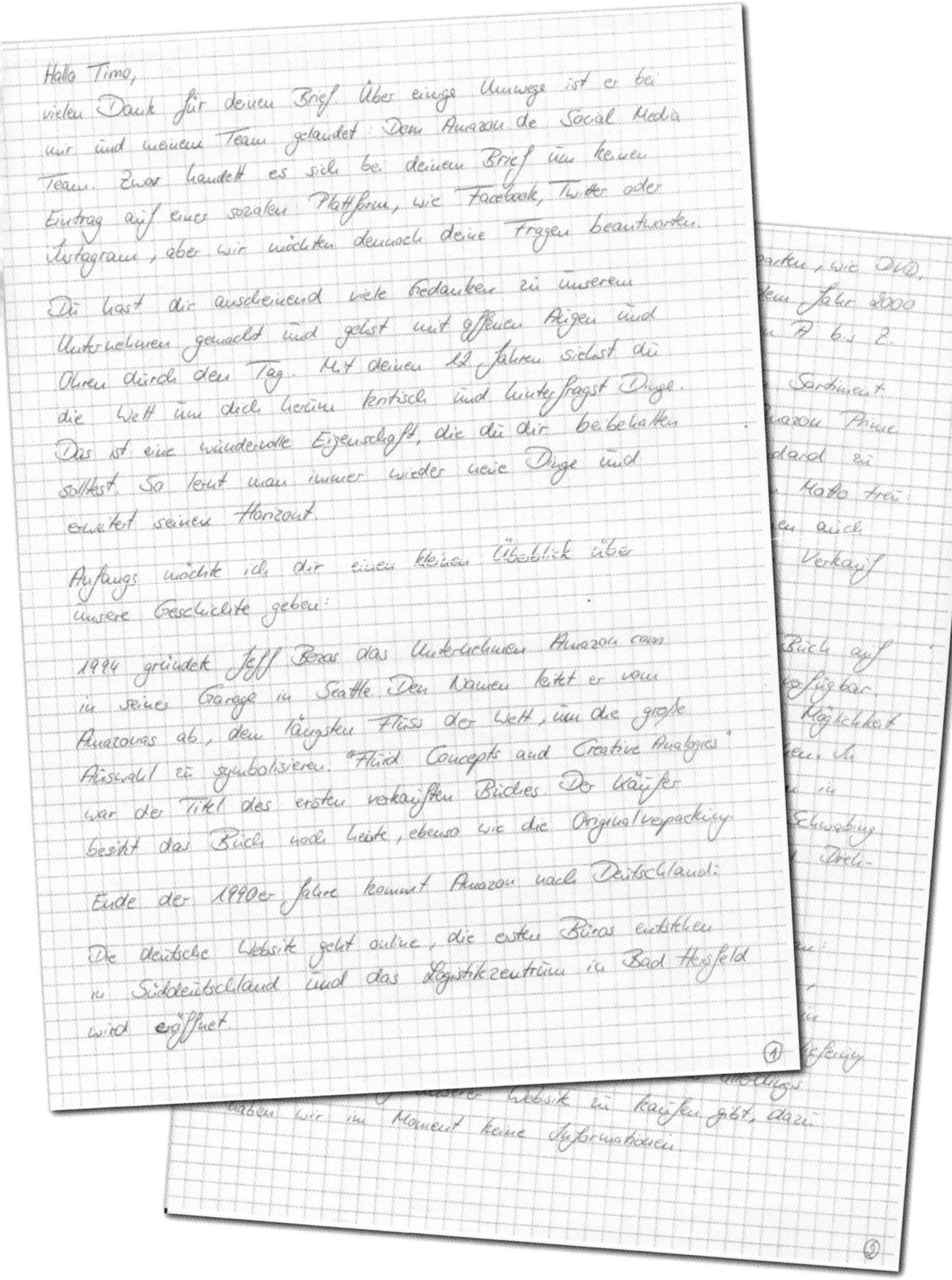
Hallo Timo,

vielen Dank für deinen Brief. Über einige Umwege ist er bei mir und meinem Team gelandet: Dem Amazon.de Social Media Team. Zwar handelt es sich bei deinem Brief um keinen Eintrag auf einer sozialen Plattform, wie Facebook, Twitter oder Instagram, aber wir möchten dennoch deine Fragen beantworten.

Du hast dir anscheinend viele Gedanken zu unserem Unternehmen gemacht und gehst mit offenen Augen und Ohren durch den Tag. Mit deinen 12 Jahren siehst du die Welt um dich herum kritisch und hinterfragst Dinge. Das ist eine wundervolle Eigenschaft, die du dir beibehalten solltest. So lernt man immer wieder neue Dinge und erweitert seinen Horizont.

Anfangs möchte ich dir einen ~~kleinen Überblick~~ über unsere Geschichte geben:

1994 gründet Jeff Bezos das Unternehmen Amazon ~~einen~~ in seiner Garage in Seattle. Den Namen leitet er vom Amazonas ab, dem längsten Fluss der Welt, um die große Auswahl zu symbolisieren. "Fluid Concepts and Creative Analogies" war der Titel des ersten verkauften Buches. Der Käufer besitzt das Buch noch heute, ebenso wie die Originalverpackung.

Ende der 1990er Jahre kommt Amazon nach Deutschland:

Die deutsche Website geht online, die ersten Büros entstehen in Süddeutschland und das Logistikzentrum in Bad Hersfeld wird eröffnet.

(1)

... Website zu kaufen gibt, dazu haben wir im Moment keine Informationen.

(2)

Hallo Timo,
vielen Dank für deinen Brief. Über einige Umwege ist er bei mir und meinem Team gelandet: Dem Amazon.de Social Media Team. Zwar handelt es sich bei deinem Brief um keinen Eintrag auf einer sozialen Plattform, wie Facebook, Twitter oder Instagram, aber wir möchten dennoch deine Fragen beantworten.

Du hast die anscheinend viele Gedanken zu unserem Unternehmen gemacht und gehst mit offenen Augen und Ohren durch den Tag. Mit deinen 12 Jahren siehst du die Welt um dich herum kritisch und hinterfragst Dinge. Das ist eine wundervolle Eigenschaft, die du dir beibehalten solltest. So lernt man immer wieder neue Dinge und erweitert seinen Horizont.
Anfangs möchte ich dir einen kleinen Überblick über unsere Geschichte geben:

1994 gründete Jeff Bezos das Unternehmen Amazon.com in seiner Garage in Seattle. Den Namen leitet er vom Amazonas ab, dem längsten Fluss der Welt, um die große Auswahl zu symbolisieren. „Fluid Concepts and Creative Analogies" war der Titel des ersten verkauften Buches. Der Käufer besitzt das Buch noch heute, ebenso wie die Originalverpackung.

Ende der 1990er Jahre kommt Amazon nach Deutschland:
Die deutsche Website geht online, die ersten Büros entstehen in Süddeutschland und das Logistikzentrum in Bad Hersfeld wird eröffnet.
Nach und nach kommen neue Verkaufssparten, wie DVD, Video, Musik und Elektronik, hinzu. Seit dem Jahr 2000 zeigt das Amazon Logo ein Lächeln – von A bis Z.

In den folgenden Jahren baut Amazon sein Sortiment immer weiter aus und verwirklicht mit Amazon Prime die Vision, eine schnelle Lieferung zum Standard zu machen. Damit bleibt das Unternehmen seinem Motto treu: Alles beginnt beim Kunden! Seit 2002 können auch Drittanbieter ihre Produkte über Amazon zum Verkauf anbieten.

Seit 2007 ist mit dem Amazon Kindle jedes Buch auf der ganzen Welt innerhalb von 60 Sekunden verfügbar.[*)] Dank Kindle Direct Publishing hat nun jeder die Möglichkeit sein eigenes Buch zu verlegen und zu veröffentlichen. In den folgenden Jahren entstehen weitere Logistikzentren in Deutschland, das Headquarter zieht nach München Schwabing und die Amazon Studios beginnen aus Ideen und Drehbüchern großartige Unterhaltung zu entwickeln.

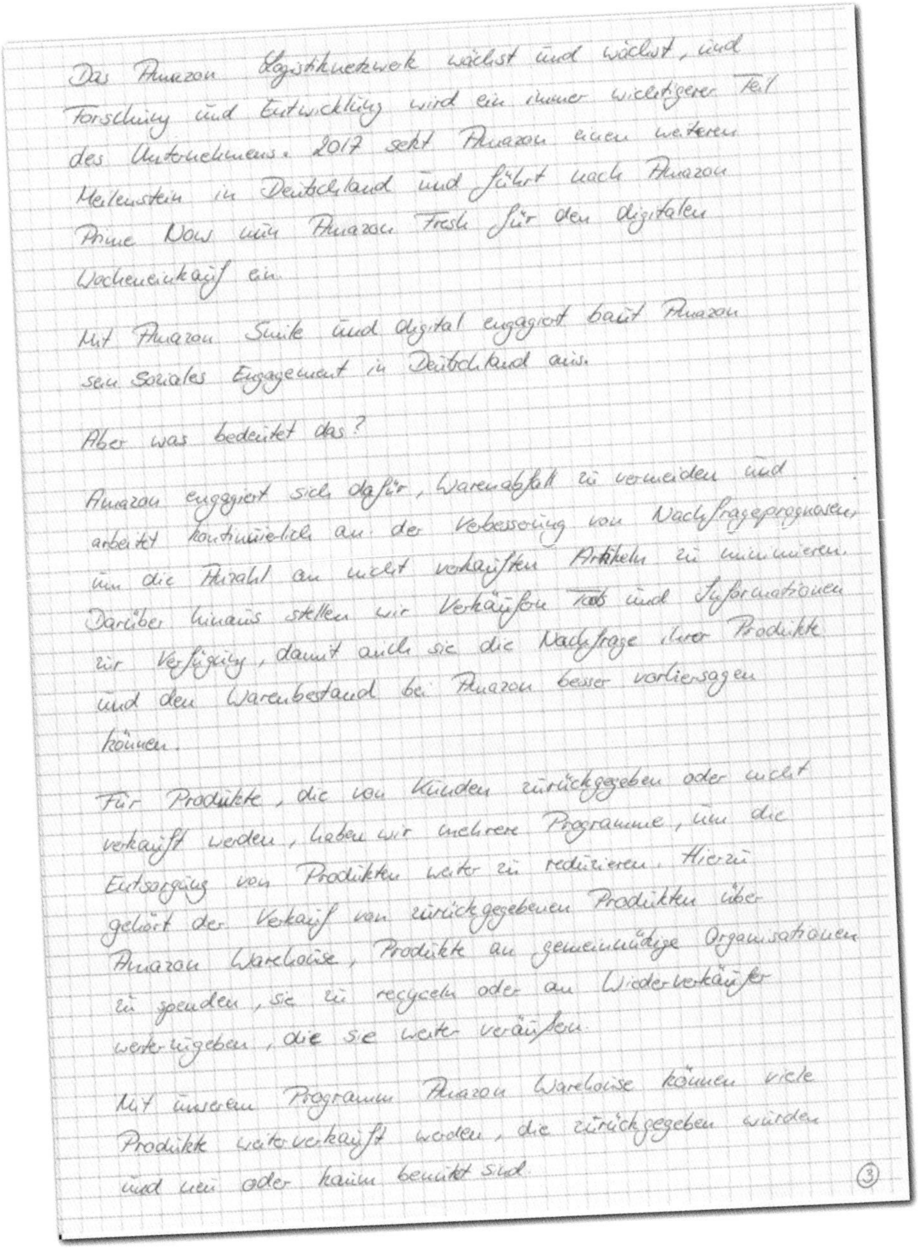

Das Amazon Logistiknetzwerk wächst und wächst, und Forschung und Entwicklung wird ein immer wichtigerer Teil des Unternehmens. 2017 setzt Amazon einen weiteren Meilenstein in Deutschland und führt nach Amazon Prime Now nun Amazon Fresh für den digitalen Wocheneinkauf ein.

Mit Amazon Smile und digital engagiert baut Amazon sein soziales Engagement in Deutschland aus.

Aber was bedeutet das?

Amazon engagiert sich dafür, Warenabfall zu vermeiden und arbeitet kontinuierlich an der Verbesserung von Nachfrageprognosen, um die Anzahl an nicht verkauften Artikeln zu minimieren. Darüber hinaus stellen wir Verkäufern ~~Tools~~ und Informationen zur Verfügung, damit auch sie die Nachfrage ihrer Produkte und den Warenbestand bei Amazon besser vorhersagen können.

Für Produkte, die von Kunden zurückgegeben oder nicht verkauft werden, haben wir mehrere Programme, um die Entsorgung von Produkten weiter zu reduzieren. Hierzu gehört der Verkauf von zurückgegebenen Produkten über Amazon Warehouse, Produkte an gemeinnützige Organisationen zu spenden, sie zu recyceln oder an Wiederverkäufer weiterzugeben, die sie weiter veräußern.

Mit unserem Programm Amazon Warehouse können viele Produkte weiterverkauft werden, die zurückgegeben wurden und neu oder kaum benutzt sind.

③

*Die Entwicklungen schreiten in großen Schritten voran: Die erste Amazon Serie erhält mehrere Auszeichnungen, die erste deutsche Amazon Serie geht in die Produktion, in England wird zum ersten Mal eine Drohne zur Auslieferung eingesetzt und vieles mehr. Wann und ob es allerdings auch Autos auf unserer Website zu kaufen gibt, dazu haben wir im Moment keine Informationen.*

*Das Amazon Logistiknetzwerk wächst und wächst, und Forschung und Entwicklung wird ein immer wichtigerer Teil des Unternehmens. 2017 setzt Amazon einen weiteren Meilenstein in Deutschland und führt nach Amazon Prime Now nun Amazon Fresh für den digitalen Wocheneinkauf ein.*

*Mit Amazon Smile und digital engagiert baut Amazon sein soziales Engagement in Deutschland aus.*
*Aber was bedeutet das?*
*Amazon engagiert sich dafür, Warenabfall zu vermeiden und arbeitet kontinuierlich an der Verbesserung von Nachfrageprognosen, um die Anzahl an nicht verkauften Artikeln zu minimieren. Darüber hinaus stellen wir Verkäufern Tools und Informationen zur Verfügung, damit auch sie die Nachfrage ihrer Produkte und den Warenbestand bei Amazon besser vorhersagen können.*

*Für Produkte, die von Kunden zurückgegeben oder nicht verkauft werden, haben wir mehrere Programme, um die Entsorgung von Produkten weiter zu reduzieren. Hierzu gehört der Verkauf von zurückgegebenen Produkten über Amazon Warehouse, Produkte an gemeinnützige Organisationen zu spenden, sie zu recyceln oder an Wiederverkäufer weiterzugeben, die sie weiter veräußern.*

*Mit unserem Programm Amazon Warehouse können viele Produkte weiterverkauft werden, die zurückgegeben wurden und neu oder kaum benutzt sind. Jede Rücksendung an Amazon durchläuft eine strenge Inspektion, wird qualitätsgeprüft, falls erforderlich repariert, neu verpackt und wann immer möglich auf Amazon.de/warehouse verkauft.*

*Falls zurückgegebene oder nicht verkaufte Ware nicht über Amazon Warehouse weiterverkauft werden kann, nützen wir Produktspendenprogramme: Wir arbeiten mit der gemeinnützigen Plattform innatura zusammen, die Sachspenden an gemeinnützige Organisationen vermittelt und die wir seit 2013 als Gründungsmitglied unterstützen.*

Jede Rücksendung an Amazon durchläuft eine strenge
Inspektion, wird qualitätsgeprüft, falls erforderlich repariert,
neu verpackt und wann immer möglich auf
Amazon.de/warehousedeals verkauft.

Falls zurückgegebene oder nicht verkaufte Ware nicht über
Amazon Warehouse weiterverkauft werden kann, nutzen
wir Produktspendenprogramme:
Wir arbeiten mit der gemeinnützigen Plattform innatura zusammen,
die Sachspenden an gemeinnützige Organisationen vermittelt
und die wir seit 2013 als Gründungsmitglied unterstützen.

Auf diesem Wege haben bereits rund 500 soziale Einrichtungen
von Amazon-Spenden profitiert. Die Spenden umfassen
unter anderem Spielzeug, Schuhe, Kleidung oder Drogerie-Artikel.
Für Lebensmittelspenden arbeiten wir mit einer Reihe
von lokalen Tafeln.

Wenn Produkte nicht verkauft, weiterverkauft oder gespendet
werden können, arbeiten wir mit Aufkäufern von Restbeständen
zusammen, die diese Waren über andere Kanäle weiterverkaufen.

In deinem Brief äußerst du Bedenken, dass durch unseren
Verkauf von Lebensmitteln auf unseren Webseiten amazon.de
und amazon.de/fresh Supermärkte entfallen könnten.

Allerdings tun sich hier ganz neue Chancen auf:
Lokale Geschäfte können über uns liefern und online
neue Kunden gewinnen – und sie können Sortiment
und Preise flexibel selbst gestalten.

(4)

*Auf diesem Weg haben bereits rund 500 soziale Einrichtungen von Amazon-Spenden profitiert. Die Spenden umfassen unter anderem Spielzeug, Schuhe, Kleidung oder Drogerie-Artikel. Für Lebensmittelspenden arbeiten wir mit einer Reihe von lokalen Tafeln. Wenn Produkte nicht verkauft, weiterverkauft oder gespendet werden können, arbeiten wir mit Ankäufern von Restbeständen zusammen, die diese Waren über andere Kanäle weiterverkaufen.*

*In deinem Brief äußerst du Bedenken, dass durch unseren Verkauf von Lebensmitteln auf unseren Webseiten amazon.de und amazon.de/fresh Supermärkte entfallen könnten.*

*Allerdings tun sich hier ganz viele Chancen auf. Lokale Geschäfte können über uns liefern und online neue Kunden gewinnen – und die können Sortiment und Preise flexibel selbst gestalten.*
*Bereits jetzt arbeiten über 25 Berliner Lieblingsläden mit uns zusammen, darunter Lindner Esskultur, Rausch Schokoladenhaus Berlin, Sagers Kaffeerösterei, Zeit für Brot, Basic und Kochhaus.*

*Was die Geschäftsfähigkeit der Kunden betrifft, so gelten im Onlinehandel die gesetzlichen Regelungen wie im stationären Handel.*
*Wie ich deinem Brief entnehmen konnte, scheint deine Schwester Marie etwas über unsere Website bestellt zu haben, obwohl sie noch minderjährig ist.*

*In unseren Allgemeinen Geschäftsbedingungen weisen wir darauf hin, dass Amazon.de keine Produkte zum Kauf durch Minderjährige anbietet: Wir bieten keine Produkte zum Kauf durch Minderjährige an. Unsere Produkte für Kinder können nur von Erwachsenen gekauft werden. Falls Sie unter 18 Jahre sind, dürfen Sie Amazon Services nur unter Mitwirkung eines Elternteils oder Erziehungsberechtigten nutzen." „Der Prime-Service kann nur von Endkunden im Alter von mindestens 18 Jahren genutzt werden."*

*Eine Bestellung ist dann rechtswirksam & gültig, wenn der Kunde oder die Kundin volljährig, also über 18 Jahre alt ist. Minderjährige können mit der vorherigen Einwilligung der Erziehungsberechtigten bei uns einkaufen. Fehlt das Einverständnis bei der Bestellung, ist der Vertrag so lange unwirksam, bis die Erziehungsberechtigen ihn genehmigen.*

Bereits jetzt arbeiten
uns zusammen,
Schokoladenhaus
Brot, Basic und

Was die Geschäf
im Onlinehandel
Handel.

Wie ich deinem
Schwester Ma
haben, obwo

In unseren
darauf hin
durch Min

"Wir bie
an Unse
Erwachse
sind,
eines

"Der
Alter

Ein
Kunde oder die
Minderjährige können mit der
Erziehungsberechtigten bei uns einkaufen. Fehlt das
Einverständnis bei der Bestellung, ist der Vertrag so lange

⑤

unwirksam, bis die Erziehungsberechtigten ihn genehmigen.

Lieber Timo, ich hoffe, ich konnte in diesem Brief deine Fragen beantworten. Gerne kannst du dich mit deinen Eltern auch in unserem Amazon Blog umsehen:

blog.aboutamazon.de

Hier berichten wir immer wieder über neueste Themen, die uns bewegen und beschäftigen.

Zwar hat die Weihnachtszeit schon begonnen, trotzdem möchten wir dir auf diesem Weg eine kleine Aufmerksamkeit zum Advent überbringen.

Wir wünschen dir und deiner ganzen Familie fröhliche Feiertage und ein glückliches neues Jahr 2019!

Liebe Grüße

Das Amazon.de Social Media Team

⑥

*Lieber Timo, ich hoffe, ich konnte in diesem Brief deine Fragen beantworten. Gerne kannst du dich mit deinen Eltern auch in unserem Amazon Blog umsehen. blog.aboutamazon.de*
*Hier berichten wir immer wieder über neueste Themen, die uns bewegen und beschäftigen.*
*Zwar hat die Weihnachtszeit schon begonnen, trotzdem möchten wir dir auf diesem Weg eine kleine Aufmerksamkeit zum Advent überbringen.*

*Wir wüschen dir und deiner ganzen Familie fröhliche Feiertage und ein glückliches neues Jahr 2019!*

*Liebe Grüße*
*Das Amazon.de Social Media Team*

*) Amazon hat der Veröffentlichung des Briefes an Timo sehr gerne zugestimmt, aber klarstellend darauf hingewiesen, dass es sich bei der Formulierung um die erklärte Vision des Unternehmens handelt, die jedoch nicht dem Status Quo entspricht.

## **Google** – Wie findet die Suchmaschine so schnell Ergebnisse?

Erinnern Sie sich noch an Lycos und Altavista? Diese Suchdienste wurden vom omnipräsenten Marktführer Google verdrängt und existieren heute gar nicht mehr. Seit September 1997 ist die Suchmaschine mit dem Namen „Google" online.

Im Jahr 2019 wurden fast 95 Prozent der Suchanfragen in Deutschland vom Branchenprimus abgewickelt.[15] Ausgehend von der Suchmaschine hat sich der inzwischen „Alphabet" genannte US-Konzern zu einem der führenden Tech-Unternehmen entwickelt.

Das Unternehmen bietet viele verschiedene Dienste wie zum Beispiel YouTube, Google Cloud, Google Maps und Gmail an. Insbesondere für jüngere Generationen (die sogenannten Digital Natives) gehört der Umgang mit diesen Produkten zum Alltag.

Timo möchte genauer verstehen wie die Suchmaschine eigentlich funktioniert und woher Google so viel weiß. Neben vielen tollen Erklärungen erhält Timo sogar noch eine Einladung.

Liebes ~~Google~~ Google

Neulich musste ich für ein Referat über Orkawahle etwas googeln.
Ihr habt mir wirklich geholfen. Danke!
Wie findet ihr die richtigen Sachen so schnell? Ihr habt bestimmt viele Mitarbeiter die alles suchen und finden, oder? Was muss man lernen das man bei euch arbeiten kann?
In meinem Zimmer muss ich auch oft Sachen suchen. Vielleicht könnt ihr mir ein paar Tipps geben wie ich Sachen schneller finde.
Und wer schreibt die ganzen Sachen bei Google Meps rein? Warum wisst ihr immer wo Stau ist?
Es gibt ja auch die Ecosia-Suchmaschine die ganz viele Bäume pflanzt. Könnt ihr das auch machen? Ihr habt bestimmt viel Geld.

Viele Grüße

Euer Timo

München, 18. Mai 2020

Lieber Timo,

wir haben uns sehr über Deinen Brief gefreut, vielen Dank, dass Du Dir dafür die Zeit genommen hast.

Du hast ganz viele Fragen gestellt, das ist super! Bei Google lieben wir Fragen. Und wir hoffen, dass wir in den meisten Fällen auch gute Antworten haben. Wie bei Deinem Referat über die Orcas.

Vielleicht schaust Du ja auch manchmal Videos auf YouTube? Da hätten wir einen tollen Tipp für Dich. Unser netter Kollege Alex hat dort nämlich eine Sendung mit dem Namen "Frag doch Google". Du findest die Videos auf dem YouTube Kanal von Google Deutschland.

Dort beantwortet Alex auch einige der Fragen, die Du in Deinem Brief gestellt hast.

Zum Beispiel "Wie funktioniert die Google-Suche?":

**Wie funktioniert die Google-Suche? | 'Frag doch Google' #20**

2.522.098 Aufrufe • 22.03.2019 2600

**Google Deutschland**
436.000 Abonnenten

In einer anderen Folge erzählt Alex, wie es ist, bei Google zu arbeiten und was die Leute hier gelernt haben.

Ein Video zum Thema "Wie räume ich mein Zimmer auf?" hat Alex noch nicht gemacht. Aber vielleicht kommt das ja noch. :-)

Google Maps finden wir auch selbst toll. Du fragst, woher wir wissen, wo Stau ist. Das ist eine sehr gute Frage! Die Antwort ist eigentlich einfach:

Viele Autofahrer helfen hier mit, indem sie Google sagen, wo sie gerade mit ihrem Auto sind. Aus all diesen Daten kann Google Maps dann errechnen, wo gerade viele und wo gerade wenige Autos auf der Straße sind. Und Google muss dabei nicht mal wissen, wer in den Autos drin sitzt.

Mit Google Maps kann man sich übrigens auch den kürzesten Weg mit dem Fahrrad von Deiner Wohnung zum Google Büro zeigen lassen.

Vielleicht magst Du uns ja mal besuchen kommen, wenn dieser blöde Virus vorbei ist …

Wir finden es großartig, dass du uns auch wegen der Bäume und der Umwelt gefragt hast. Google macht hier nämlich jede Menge und gibt auch tatsächlich sehr viel

Geld dafür aus. Wir kaufen zum Beispiel sauberen Strom, der aus Wind, Wasser und Sonne gemacht wird. Jedes Jahr kaufen wir mindestens genauso viel Strom aus diesen erneuerbaren Energien wie Google insgesamt auf der ganzen Welt an Strom verbraucht.

Das heisst Google's Stromverbrauch ist schon seit ganz vielen Jahren zu 100% klimaneutral. Das ist gut für die Umwelt und gut für das Klima. Unter sustainability.google gibt es noch ganz viel mehr zu diesem Thema zu erforschen!

In unserem Münchner Büro machen wir auch sehr viel für die Umwelt. Zum Beispiel kaufen wir unsere Lebensmittel alle in der Region und nutzen Regenwasser für unsere Toiletten zum Spülen. In unsere

Regenwasser-Speicher gehen über 200.000 Liter rein. Du kannst ja mal ausrechnen, wieviele Tragerl Wasser das sind.

Nochmal vielen Dank für Deinen netten Brief und schreib uns gerne wieder.

Schöne Grüße und Servus vom Google-Team in München

Google München

## **Facebook** – Was machen soziale Netzwerke?

Das 2004 gegründete soziale Netzwerk hat nach eigenen Angaben rund 2,5 Milliarden Mitglieder weltweit und verbindet somit Menschen über unzählige Ländergrenzen hinweg. Seit der Gründung von Facebook sind viele andere soziale Netzwerke für unterschiedlichste Zielgruppen entstanden, wie zum Beispiel Instagram, TikTok und LinkedIn. Diese Plattformen helfen vielen Menschen dabei, mit anderen über öffentliche oder private Nachrichten im Kontakt zu bleiben, Veranstaltungen zu organisieren und sich über das aktuelle Geschehen zu informieren.

Allerdings schrieb vor allem Facebook in den letzten Jahren oft negative Schlagzeilen. Insbesondere prangern Kritiker den laxen Datenschutz, die monopolistische Marktstellung in Verbindung mit den ebenfalls zu Facebook gehörenden Plattformen Instagram und WhatsApp sowie die unzureichende Verhinderung der Verbreitung sogenannter Fake News an. 2016 benutzten russische Agenten das Netzwerk, um die amerikanische Präsidentschaftswahl zu beeinflussen.

Das hat Timo zwar nicht mitbekommen, aber er interessiert sich sehr für alte Fotos von seinen Eltern und möchte deshalb selbst bei Facebook Mitglied werden. Ob er das darf?

22. Juli 2018

Liebes Facebook,

ich wollte fragen ab welchem Alter ich mich bei dir anmelden kann?
Ab 13 oder ab 16 Jahren? Ich bin jetzt 12 Jahre alt.
Warum dürfen sich Kinder nicht anmelden?

Ich glaube dass es viele lustige Fotos von Mama und Papa auf Facebook gibt und die möchte ich sehen.

Ich habe auch gehört dass bei Dir mehr als 27 700 Mitarbeiter arbeiten. Wie kannst du die alle bezahlen? Woher bekommt Facebook denn Geld wenn Facebook kostenlos ist?

Liebe Grüße von deinem Timo

---

7.10.2018

Liebe Facebook Mitarbeiter,

ich habe euch im Juli einen Brief geschrieben. Antwortet ihr mir noch?
Mama hat zum Glück eine Kopie gemacht falls der Brief nicht ankommt.
Die habe ich ~~dir~~ euch in den Umschlag gelegt.

Ich hoffe bald von Facebook zu hören

Euer Timo

FACEBOOK

August 6, 2020

Lieber Timo,

vielen Dank für deinen Brief, wir haben uns sehr darüber gefreut. Um ein Facebook-Konto zu erstellen und damit Facebook aktiv zu nutzen musst du mindestens 13 Jahre alt sein.

Uns ist es wichtig, dass sich jeder auf Facebook wohlfühlt und wir glauben, dass Kinder und Jugendliche ab 13 im richtigen Alter sind, sich in sozialen Medien und auf Plattformen wie Facebook gut zurechtzufinden.

Du hast Recht, bei Facebook arbeiten ganz viele Menschen an ganz vielen unterschiedlichen Standorten auf der Welt, aktuell sind es sogar mehr als 52.500. In Deutschland haben wir zwei Büros in Hamburg und Berlin, insgesamt haben wir dort momentan rund 200 Mitarbeiterinnen und Mitarbeiter.

Facebook verdient Geld durch Werbeanzeigen, das ist ein ganz einfaches Prinzip: Unternehmen können bei uns Werbung für ihre Produkte oder Dienstleistungen machen und dafür bezahlen sie uns, dass die Menschen auf Facebook diese sehen. Das ist ähnlich wie Werbung im Fernsehen oder in der Zeitung.

Liebe Grüße von deinem Facebook Deutschland Team

## **Parship** – Findet Papa online eine neue Frau?

Online-Dating boomt. Laut einer Umfrage von Bitkom im Jahr 2019 hat jeder dritte Bundesbürger bereits Plattformen wie Tinder, Elitepartner oder Parship genutzt.[16] Ungefähr die Hälfte der Nutzer hat über diese Dienste schon einmal einen festen Partner kennengelernt.

Während das Kennenlernen im Internet zur Jahrtausendwende noch verpönt war, gehen heute immer mehr Paare offen damit um, dass sie sich online kennengelernt haben. Das Geschäft mit der digitalen Partnersuche nimmt jedes Jahr zu. Viele Unternehmen buhlen um die Gunst der Partnersuchenden und fahren deshalb große Werbekampagnen, um neue Nutzer zu gewinnen.

Das ist auch Marie aufgefallen. Sie macht sich an die Arbeit und sucht für ihren Papa eine neue Frau. Ob sie Erfolg hat?

Liebes Paarschip,

Mein Papa braucht eine neue Frau. Ich habe in der Stadt viele Plakate mit schönen Frauen von euch gesehen. Am besten gefällt mir die blonde mit dem hellblauen Oberteil. Kömt ihr die für Papa reservieren? Oder ist sie schon weg?

Mein Papa will sich noch nicht bei Paarschip anmelden, weil er sagt da wird Man nur abgezogt. Aber die blonde Frau sieht so nett aus. Und wenn sich alle 11 Minuten jemand verliebt, muss es ja gut funktinieren. Braucht ihr noch ein Foto von Papa? Es wäre cool, wenn er auch auf ein Plakat kommt, damit ihn auch viele Frauen sehen.

Wieviel kostet es das sich zwei Menschen verlieben? Und kostet es extra wenn sie heiraten?

Viele Grüße
Marie

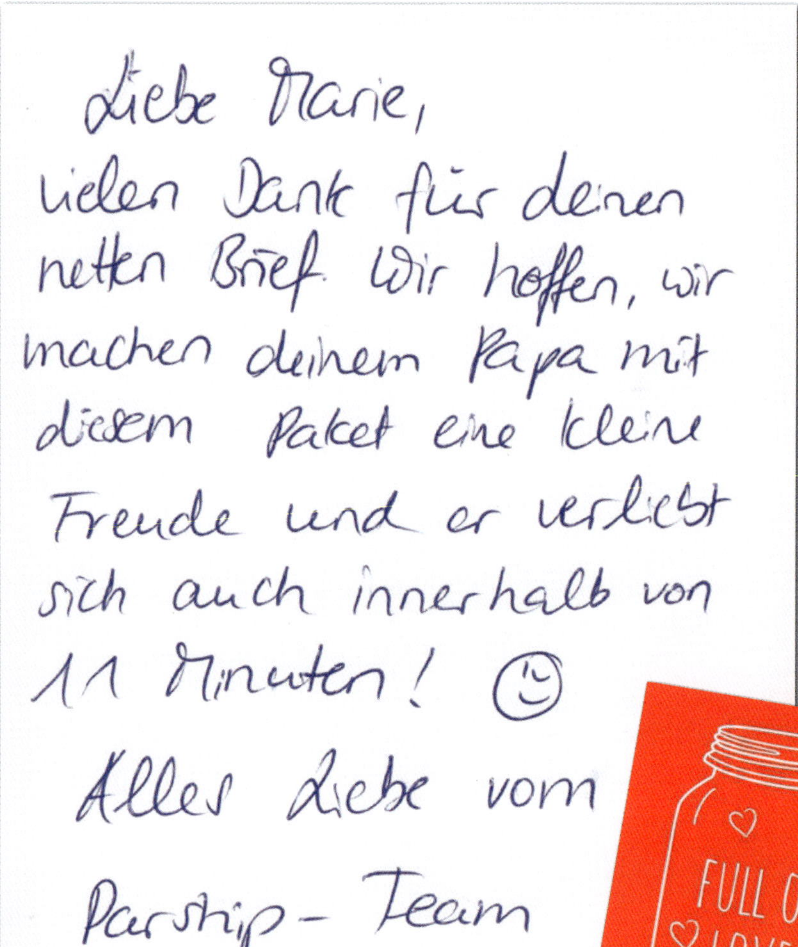

Liebe Marie,
vielen Dank für deinen netten Brief. Wir hoffen, wir machen deinem Papa mit diesem Paket eine kleine Freude und er verliebt sich auch innerhalb von 11 Minuten! ☺
Alles Liebe vom Parship-Team

Neben dieser Karte enthielt das Paket für Timos Papa ein Poster der blonden Frau, die Timo so gut gefallen hat, sowie einen Gutschein für eine befristete Mitgliedschaft.

## ARD – Wieso wird die Sendung mit der Maus so oft verschoben?

Die Programmgestalter von Fernsehsendern haben keine leichte Aufgabe. Insbesondere bei den Öffentlich-Rechtlichen scheiden sich oft die Geister, welche Themen bei den gebührenfinanzierten Sendern auf der Tagesordnung stehen sollen.

Da fast jeder Bundesbürger Rundfunkgebühren zahlt, hat auch fast jeder eine Vorstellung, wie das Programm der öffentlich-rechtlichen Sender aussehen sollte.

Zwar muss Marie noch keinen Rundfunkbeitrag zahlen, doch ist sic als Stammzuschauerin jedes Mal enttäuscht, wenn die „Sendung mit der Maus“ verschoben wird oder ausfällt. Sie hakt bei der Redaktion der ARD nach und die hat auch gleich einen guten Tipp für sie, wie sie trotzdem ihre Lieblingssendung sehen kann.

Lieber Chef von der ARD,

ich liebe die Sendung mit der maus. Aber warum wird sie so oft verschohben oder fällt ganz aus? Wegen Sport. Warum ist sowas wie Langlaufen immer wichtiger als Sendungen für uns Kinder? Könnt ihr den Sport nicht wan anders zeigen?

Viele Grüße
Marie (9 Jahre)

Frau
Marie Meier

ARD

München, 24.07.2018

Arbeitsgemeinschaft
der öffentlich-rechtlichen
Rundfunkanstalten der

Liebe Marie,

wir danken Dir für Deinen Brief mit der gelungenen Buntstiftzeichnung der Maus, die Du so gern hast.

Während des Winterhalbjahres verlegt unsere Programmplanung „Die Sendung mit der Maus“ oft etwas vor, weil danach lange Wintersportübertragungen beginnen. Eine Unterbrechung der Sportübertragung, die meist sogar live ist, würden uns die vielen Sportfans sehr verübeln.

Eine andere Möglichkeit, wie Du Deinen Lieblingssendung zur gewohnten Zeit anschauen kannst, besteht darin den Kinderkanal anzuschalten oder auf unsere Mediathek auszuweichen, wenn es in Deiner Familie einen Internetanschluss gibt. In der Mediathek wird oft sogar die Folge zuerst eingestellt noch vor ihrer Fernsehausstrahlung. Außerdem bietet Dir die Mediathek noch den Vorteil, dass Du die Sendung nicht nur vorher, sondern auch zu fast jeder von Dir gewünschten Zeit anschauen kannst, zudem so oft Du willst.

Wir wünschen Dir auch weiterhin viel Vergnügen mit der pfiffigen und so wissbegierigen Maus.

Mit freundlichen Grüßen

Rüdiger Heise
Zuschauerredaktion Das Erste

Recht und Ordnung

## **Detektei Kurtz** – Wie wird man Detektiv?

Waren Sie als Kind auch fasziniert vom Buch „Emil und die Detektive“ und Zeichentrickserien wie „Inspector Gadget“? Vielleicht wollten Sie sogar selbst mal Detektiv werden? Doch ist der Arbeitsalltag eines realen Detektivs überhaupt vergleichbar mit dem, was wir aus Literatur, Film und Fernsehen zu wissen glauben? In der Regel werden Detektive schon vor Polizisten oder Anwälten aktiv. Auftraggeber sind sowohl Unternehmen, die etwa Diebstählen von Mitarbeitern nachgehen wollen, als auch Privatpersonen, die beispielsweise Affären ihres Partners wittern.

Beliebte Kriminalserien wie „Inspektor Columbo“ und „Sherlock Holmes“ inspirieren uns immer noch dazu, selbst detektivisch tätig zu werden. Haben Sie nicht auch schon mal Ihre Nachbarn ausspioniert, um herauszufinden, wohin die Tageszeitung aus dem Briefkasten immer wieder verschwindet?

Doch wie wird man ein richtiger Detektiv und wie sieht die tägliche Arbeit aus? Timo will es wissen und schreibt an eine Detektei.

Liebes Dedektivbüro,

Wenn ich groß bin, will ich auch Dedektiv werden, weil ich gerne böse Leute fange. So wie Inspektor Gadschet.

Gibt es eine Dedektivausbildung oder ein Studium? Und kann man bei Euch Schülerpraktikum machen?

Ich stelle mir das voll spannend vor. Wurde einer eurer Dedektive schon mal erwischt?

Und könnt Ihr mir noch eine coole Dedektivgeschichte schreiben?

Ich freue mich von Euch zu hören!

Euer Timo

Detektei KURTZ

---

Lieber Timo,

vielen Dank für deinen Brief an die Detektei Kurtz.

Viele Menschen träumen davon, Detektiv zu werden – nicht nur Kinder. Auch von Erwachsenen erhalten meine Mitarbeiter und ich fast wöchentlich Bewerbungen, in denen uns die Leute erklären, weshalb sie als sogenannte „Quereinsteiger“ gern für uns oder allgemein als private Ermittler arbeiten möchten. Und ganz oft liegt ihre Inspiration in Figuren und Geschichten aus Büchern, Filmen oder Serien.

Den von dir erwähnten Inspektor Gadget habe schon ich als Kind kennengelernt, ganz wie du als Zeichentrickfigur. Ob das oder andere Geschichten, zum Beispiel die Detektivabenteuer der „Fünf Freunde“, – unbewusst – einen Einfluss auf meine spätere Entscheidung genommen hat, selbst Detektiv zu werden, weiß ich zwar nicht. Doch kann ich dir sagen, dass mich, ganz klassisch, Sherlock Holmes schon frühzeitig sehr und in mehrfacher Hinsicht inspiriert hat. So sehr, dass ich sogar angefangen habe, Pfeife zu rauchen. Da war ich gerade erst ein Jahr älter als du – also bitte nicht nachmachen! Zugegeben waren daran allerdings auch Hobbits, Zauberer und Zwerge schuld, im Allgemeinen: der dauerschlotende J.R.R. Tolkien. Also nicht nur eigenbrötlerische Detektive.

So habe ich denn auch erst einmal Literatur studiert, ehe es mich zum Detektivberuf trieb. Eine Ausbildung zum Privatermittler gibt es in Deutschland tatsächlich, allerdings nicht offiziell, das heißt keine staatlich anerkannte. Leider gibt es nur private Institute, bei denen du dich gegen viel Geld zum Detektiv ausbilden lassen kannst. So habe ich das damals gemacht, an einer Art Privatdetektivschule in Berlin. Alternativ könntest du versuchen, erst einmal Ermittler in einer Behörde zu werden – Polizei, Zoll oder auch Geheimdienst. Die Ausbildung wäre dann sogar bezahlt, und nach ein paar Jahren Berufserfahrung könntest du deinen Traum von einem eigenen Detektivbüro verwirklichen, vielleicht sogar – anders als ich zu Beginn meiner Selbständigkeit – mit ein paar finanziellen Rücklagen, die dich durch schlechte Zeiten und speziell durch die oftmals schwierige Anfangszeit tragen können.

Böse Leute fängt man als fähiger und gefragter Detektiv tatsächlich fast jeden Tag: vor allem Betrüger und Diebe, manchmal auch Gewalttäter. Ganz oft geht es aber vordergründig darum, Leuten zu helfen: Menschen, die ihre Liebsten aus den Augen verloren haben; Müttern und Vätern, die ihre Kinder nicht sehen dürfen; Unternehmern, die in ihrer Existenz bedroht sind.

Erwischt wird man beim Observieren schon ab und an ... und mehr oder weniger. Fälle, in denen wirklich eine Zielperson auf mich oder auf einen meiner Ermittler zukam, kann ich nach mittlerweile zigtausend Fällen an einer Hand abzählen. Aber dass sich Dritte, das heißt Unbeteiligte, über einen

Observanten wundern, das kommt immer mal wieder vor. Wir müssen bei unserer Beobachtungsarbeit stets den Spagat zwischen Unauffälligkeit und möglichst nahtloser Verfolgung schaffen – das, lieber Timo, ist gar nicht so leicht, wie es vielleicht scheint. Und so müssen wir manchmal in Kauf nehmen, dass sich andere über uns wundern, solang wir zumindest der Zielperson keinen Grund zum Grübeln geben. Da kann es schon mal sein, dass ein besorgter Anwohner die Polizei ruft, weil ein „verdächtiger Mann" den ganzen Tag im Auto vor seinem Haus sitzt. Oder stell dir mal vor, man muss in der Nähe einer Schule oder eines Kindergartens observieren – ganz schnell wird man selbst für böse gehalten. Deswegen ist es manchmal sinnvoll, eine Observation bei der Polizei anzumelden. Aber auch schöne Begegnungen ergeben sich zuweilen daraus. So boten mir einmal zwei herzensgute Männer ganz mitleidig einen heißen Kaffee an, weil sie glaubten, dass ich zuhause rausgeflogen wäre und nun – bei seinerzeit winterlichen Temperaturen – in meinem Auto schlafen müsse.

Wie du siehst, ist das Detektivleben sehr abwechslungsreich. Es geht nur selten um Mord und Totschlag, dafür aber ganz oft um Zwischenmenschlichkeit.

Sehr gern würde ich dir ein Schülerpraktikum anbieten, aber als Detektiv ist es ungemein wichtig, auf die Sicherheit der Daten von Klienten und auch Zielpersonen zu achten. Diskretion ist das Zauberwort. Praktikanten unsere Türen zu öffnen, kann ich leider nicht verantworten. Stell dir mal vor, du erkennst eine unserer Zielpersonen aus deinem Privatleben oder auch aus dem Fernsehen – vielleicht ist es dein Lehrer oder auch dein Lieblingsfußballspieler. Glaubst du, du könntest das für dich behalten? Wenn ja, wäre das toll, aber ich möchte mich nicht darauf verlassen müssen. Tut mir wirklich leid.

Trotzdem: Die Detektivbranche kann Nachwuchs denkbar gut gebrauchen. Und wenn selbst aus einem verschrobenen Literatur-Nerd wie mir ein Detektiv geworden ist, dann weißt du auch: Aus Träumen kann durchaus Realität werden. Bleib am Ball und werde, was du sein möchtest. Vielleicht schlägst du dann sogar eines Tages bei mir auf und fragst mich von Kollege zu Kollege nach meiner Meinung zu einem Fall – womöglich bei einer gepflegten Pfeife. Ich würde mich darüber freuen!

Ganz liebe Grüße von meinem Zweitwohnsitz im derzeit absurd sonnigen Schottland

P. Kurtz

Detektiv Patrick Kurtz

## **Polizei München** – Welche Aufgaben gehören zum Polizeialltag?

In Deutschland sind rund 250.000 Polizeibeamtinnen und -beamte im Einsatz. Dabei gibt es aber nicht nur eine Polizei in Deutschland, sondern viele verschiedene. Jedes der 16 Bundesländer hat seine eigene Landespolizei. Dazu kommen drei nationalen Polizeien: die Bundespolizei, das Bundeskriminalamt (BKA) und die Polizei beim Deutschen Bundestag.[17]

Das BKA hat die Aufgabe, die Arbeit der Landespolizeien zu koordinieren. Wenn es sich um besonders schwere Fälle der Kriminalität handelt und es internationale Verstrickungen gibt, ermittelt das Bundeskriminalamt auch selbst. Die Bundespolizei ist dagegen für den Schutz der deutschen Grenzen, der Luftsicherheit und des Bahnverkehrs zuständig. Als kleinste Polizeieinheit schützt die Bundestagspolizei die Bundestagsabgeordneten vor Gefahren.

Alle Polizeibehörden zusammen helfen dabei, die ungefähr 5,4 Millionen Straftaten[18] aufzuklären, die in Deutschland jährlich begangen werden. Timo interessiert sich vor allem dafür, was direkt vor seiner Haustüre passiert und wendet sich an seine örtliche Polizeidienststelle.

Liebe Polizei,

ich habe letzte Woche bei unseren Nachbarn viele Polizeiautos gesehen. Was ist da passiert? Sind unsere Nachbarn Verbrecher?

Gut, dass ihr uns beschützt habt. Was macht ihr sonst noch außer mit dem Polizeiauto zu Einsätzen fahren?
Macht es Spaß Polizist zu sein? Und was muss ich machen damit ich auch später Polizist werden kann?

Ihr erlebt bestimmt viele lustige Sachen. Was war das witzigste was euch passiert ist?

Ich würde mich freuen von euch zu hören.

Liebe Grüße
Euer Timo

*Polizeipräsidium München*

Lieber Timo,

vielen Dank für deine interessanten Fragen. Du musst dir ganz sicher keine Sorgen machen, dass deine Nachbarn Verbrecher sind. Wenn du mal wieder viele Polizeiautos irgendwo rumstehen siehst, kann das ganz viele Gründe haben. Vielleicht fangen wir einfach mal mit ein paar Beispielen an, die unsere tägliche Arbeit ausmachen.

Das können oft ganz harmlose Einsätze sein. Wenn ältere Menschen oder auch Kinder nicht mehr nach Hause finden, kommen wir um bei der Suche zu helfen. Wenn zwei Autos einen Unfall hatten, helfen wir mit dem Rettungsdienst auch mal den Verletzten und klären danach, wer eigentlich Schuld an dem Unfall hatte. Wir sind aber auch dafür da, wenn jemand etwas Wichtiges verloren hat oder es in der Nachbarschaft zu laut ist. Es gäbe jetzt noch ganz ganz viele Beispiele, die wir Dir da aufzählen könnten.

Und wenn wir gerade mal nicht zu Einsätzen fahren, haben wir auch viele andere Dinge zu tun. Unsere Verkehrsstreifen kontrollieren zum Beispiel, ob Autofahrer richtig angeschnallt sind. Die Kriminalpolizei klärt Verbrechen auf und gibt Tipps zum Einbruchsschutz oder gegen Betrüger. Vielleicht war die Polizei aber sogar schon an deiner Schule und hat euch gezeigt, wie man sich richtig im Straßenverkehr verhält. Du siehst also, dass Polizisten eine Menge zu tun haben.

Auch wenn wir ab und zu traurige Einsätze und auch mal mit bösen Menschen zu tun haben, macht uns unsere Arbeit sehr viel Spaß. Wir können nämlich jeden Tag Menschen helfen und erleben dabei sehr interessante und spannende Geschichten.

Damit du auch mal Polizist werden kannst, musst du eigentlich gar nicht so viel machen. Es ist einfach wichtig, dass Du in der Schule gut aufpasst und niemals einem anderen Menschen etwas Böses antust. Und wer weiß, vielleicht hast Du ja in einigen Jahren auch eine Uniform an. Und vielleicht beantwortest Du dann einem anderen Kind seine vielen Fragen.

Jetzt wolltest Du ja auch noch wissen, was unser witzigstes Erlebnis war. Da hätten wir so einige Geschichten zu erzählen. Einmal wurden wir aber von einem Mann angerufen, der aus Angst vor einem Einbrecher sogar aus seinem Fenster gesprungen ist. Der Mann hat in der Nacht Geräusche aus seinem Wohnzimmer gehört und dachte, ein Einbrecher sei gerade in seinem Haus. Daraufhin sind ganz viele Polizeiautos zu dem Haus gefahren und wollten den Einbrecher festnehmen. Als die Polizisten aber in das Haus gegangen sind, war da gar kein Einbrecher. Da war nur ein Staubsaugroboter, der sich in der Nacht plötzlich angeschaltet hatte. Da war der Mann sehr erleichtert und konnte sich wieder in sein Bett legen. Vermutlich hat er aber noch von seinem Saugroboter geträumt.

Also lieber Timo. Wir hoffen, wir konnten Deine Fragen beantworten. Eines ist uns aber sehr wichtig und das solltest du immer wissen:

Die Polizei ist immer für Dich da, wenn Du einmal Hilfe brauchst. Selbst wenn Du Dir nicht sicher bist, ob Dein Anliegen wichtig genug ist. Du darfst jederzeit die 110 anrufen oder Polizistinnen und Polizisten ansprechen.

Deine Münchner Polizei

bald haben wir es
geschafft.

Ereignisse

## **Lufthansa** – Wieso verändern Firmen ihre bekannten Logos?

Wer einen blauen Kranich auf gelbem Hintergrund sieht, denkt sofort an die Lufthansa. Anfang 2018 änderte der Konzern zum ersten Mal seit über 30 Jahren sein Erkennungszeichen und verpasste sich einen dunkelblauen Anstrich. Nach 100 Jahren sollte das gelbe „Spiegelei" aus dem Logo verschwinden. Aber die Veränderung ist ein langwieriges Projekt. Erst 2024 werden alle 300 Flugzeuge der Airline umlackiert sein.

Ob sich der ganze Aufwand und die damit verbundenen Ausgaben wirklich lohnen, ist selbst unter Experten umstritten. Marie ist auch skeptisch und hakt bei der Lufthansa nach. Über die Antwort und die Aussicht auf einen Malwettbewerb freut sie sich sehr.

Lufthansa-Flugzeug mit neuem Logo (Vordergrund) und altem Logo (Hintergrund)

Liebe Lufthansa,

ich war bei einer Führung am Flughafen München und habe gelernt, dass ihr jetzt ein neues Logo habt. Aber das alte war doch auch voll schön! Und jetzt fehlt das Gelb, das ist doch meine Lieblingsfarbe! Wieso wollt ihr das alte Logo nicht mehr? Und wie lange dauert es bis alle Flugzeuge neu angemalt sind? Wer hat sich das Logo eigentlich ausgedacht?

Mein Papa hat mir ezählt, das alte Logo heißt Spiegelei. Hat das neu Logo auch so einen witzigen Namen? Vielleicht könnt ihr ja dem Vogel einen lustigen Namen geben, so was wie Hansi oder Pieps.

Wenn ihr das nächste Mal euer Logo ändert könnt ihr ja einen Malwettbewerb mahen. Dann mache ich auch mit.

Bitte beantwortet meine Fragen!

Viele Grüße
eure Marie (8 Jahre)

**LUFTHANSA GROUP**

Datum/Date
30. März 2020

Deutsche Lufthansa AG, Lufthansa Aviation Center
Airportring, 60546 Frankfurt/Main, Germany

Marie Meier

**Dein Brief an die Deutsche Lufthansa AG**

Liebe Marie,

vielen herzlichen Dank für deinen netten Brief und deine vielen Fragen an uns. Wir haben uns wirklich sehr darüber gefreut.
Entschuldige bitte unsere verspätete Antwort, uns erreichen täglich sehr viele Anfragen, sodass unsere Antworten manchmal leider länger dauern.

Wir finden es toll, dass Du dich für Lufthansa und unser Logo interessierst. Die Begeisterung für Luftfahrt teilen alle Mitarbeiter bei Lufthansa. Umso mehr freuen wir uns über dein Schreiben und dein entgegengebrachtes Vertrauen in unser Unternehmen.
Dein Papa hat recht, einige nennen das gelbe Logo Spiegelei. Viele Flugzeuge haben noch das alte Logo und werden es auch noch eine ganze Zeit behalten. Du wirst das alte Lufthansa-Logo mit dem schönen Gelb also noch weiterhin sehen können.
Wir wollten unser Logo etwas moderner gestalten und haben es deshalb etwas geändert. Beim nächsten Mal werden wir uns vielleicht bei dir melden. Dann kannst Du ein Bild malen und an uns schicken. Wir würden uns darüber sehr freuen.

Die Lufthansa Group wünscht Dir alles Gute auf deinem weiteren Weg.

Mit freundlichen Grüßen

Paul Dorweiler

Deutsche Lufthansa AG
Group Communications

## **Deutscher Olympischer Sportbund** – Warum wird ein ganzes Land für einzelne Dopingfälle bestraft?

Bei vielen großen Sportereignissen stehen nicht nur die beeindruckenden Ergebnisse und Rekorde der Sportler im Fokus. Leider geht es auch immer wieder um Athleten und Mannschaften, die sich illegaler Methoden bedienen, um die körperliche Leistungsfähigkeit zu steigern.

Im Jahr 2018 durften bei den Olympischen Winterspielen in Pyeongchang in Südkorea 169 russische Sportler nur unter neutraler Flagge antreten, nachdem das Russische Olympische Komitee vom IOC ausgeschlossen wurde. Zeitweise wurde sogar diskutiert, die russischen Sportler aufgrund des nachgewiesenen systematischen Staatsdopings komplett auszuschließen.

Das entspricht nicht Timos Gerechtigkeitsverständnis und so will er genauer wissen, was passiert ist. Die Pressesprecherin des Deutschen Olympischen Sportbunds erklärt Timo kindgerecht, wie es zu dieser auf den ersten Blick schwer nachvollziehbaren Entscheidung gekommen ist und begründet, warum das Vorgehen letztendlich doch gerecht war.

München, 4.2.18

Liebes Olympisches Kommitee,

Mit meinem Papa schaue ich sehr gerne Sport im Fernsehen an. Ich mag vor allem die olympischen Spiele weil es so viele verschiedene Sportarten gibt und so viele Länder mitmachen.

Ich habe gehört dass alle russischen Sportler nicht bei den olympischen Spielen in Südkorea starten dürfen weil ein paar von ihnen betrogen haben. Das finde ich ziemlich gemein.

Wenn die anderen in der Schule Blödsinn machen will ich ja auch nicht dafür bestraft werden. Das ist mir schon einmal passiert weil Jana und Valentin neben mir im Unterricht geredet haben. Die Lehrerin hat mir dann auch eine Strafarbeit gegeben obwohl ich unschuldig war.

Können Sie mir erklären wieso das bei den russischen Sportlern so ist? Was passiert mit den Sportlern, die sich ohne Betrug und Doping für Olympia qualifiziert haben und jetzt nicht ihren Traum erleben dürfen? Ich denke dass sie sehr traurig sind.

Viele Grüße
Timo Meier, 12 Jahre

Timo Meier

02. August 2018
usp / oys

Lieber Timo,

vielen Dank für Deine Briefe. Da wir sehr viele Zuschriften bekommen, schaffen wir es personell nicht immer, zeitnah auf alles zu reagieren. Dein erster Brief lag uns – zumindest in unserer Abteilung – leider gar nicht vor.

Das war nicht ganz korrekt, wie Du das geschrieben hast. Das Russische Olympische Komitee wurde in der Tat vor den Olympischen Spielen in PyeongChang gesperrt, weil im russischen Sport nachweislich flächendeckend und systematisch, also von oben angeordnet, gedopt wurde. So kam leider das gute Ergebnis der russischen Mannschaft vor vier Jahren bei den Spielen in Sotschi zustande – mittlerweile sind viele Athleten aus dieser Mannschaft gesperrt, viele Medaillen wurden aberkannt. Deshalb durfte in PyeongChang keine offizielle russische Mannschaft starten.

Jene russischen Sportlerinnen und Sportler, für die es keine klaren Nachweise für Doping gab, hatten aber dennoch die Möglichkeit in PyeongChang zu starten, wenn auch nicht unter der russischen Flagge. Das IOC hat nämlich ein Jahr vor den Spielen ein großes Kontrollprogramm aufgelegt, bei dem sehr viele russische Athletinnen und Athleten durch die britische Anti-Doping-Agentur kontrolliert wurden. Das war aus unserer Sicht eine kluge Entscheidung. Denn die russischen Sportlerinnen und Sportler wurden in den vergangenen Jahren teilweise gar nicht kontrolliert, oder es wurde bei den Kontrollen manipuliert – die russische Anti-Doping-Agentur hat nachweislich positive Proben russischer Sportler verschwinden lassen. Es wäre doch total unfair, wenn solche Athletinnen und Athleten dann gegen Sportler und Sportlerinnen antreten dürften, die hart, konsequent und unabhängig kontrolliert werden.

In PyeongChang durften dann auch 169 russische Sportlerinnen und Sportler an den Start gehen, weil sie im Vorfeld der Spiele (wenn die Dopinggefahr am größten ist), eine entsprechende Anzahl von negativen Dopingkontrollen hatten, die nicht in Russland genommen und analysiert wurden. So durften also nur die schuldigen Funktionäre, Politiker und wirklich des Dopings überführte Athleten aus Russland nicht in PyeongChang starten. Aus unserer Sicht war das absolut gerecht.

Dass dann gleich zwei dieser aus Russland zugelassenen Athleten (eine Bobfahrerin und ein Curler) während der Spiele des Dopings überführt wurden, fanden wir nun wirklich nicht gut. Das spricht leider nicht dafür, dass sie etwas gelernt haben aus den Doping-Diskussionen.

Mit freundlichen Grüßen

i.A. Ulrike Spitz
Pressesprecherin des DOSB

**Greenpeace** – Wie werden die spektakulären Aktionen organisiert?

Die 1971 gegründete Umweltschutzorganisation Greenpeace hat nach eigenen Angaben inzwischen mehr als 3 Millionen Mitglieder weltweit und sorgt immer wieder mit spektakulären Aktionen für Aufsehen.

Am 26. Juni 2018, dem Tag des erstmaligen Zusammenkommens der von der Bundesregierung eingesetzten Kohlekommission, verteilte Greenpeace auf dem Kreisverkehr am Großen Stern in Berlin rund um die Siegessäule 3500 Liter gelbe Farbe, um ein aus der Luft erkennbares Sonnensymbol zu erstellen.[19] Auf einem Banner forderten die Aktivisten dann „Sonne statt Kohle". Die Berliner Stadtreinigung war anschließend mit 17 Einsatzkräften, vier Spülwagen und acht Kehrmaschinen einige Stunden im Einsatz, um die Fahrbahnen wieder zu reinigen.

Timo ist schwer beeindruckt von der Aktion und erhofft sich Tipps, wie er ähnlich beeindruckende Aktionen durchführen kann, ohne dabei von scinen Eltern ertappt zu werden.

Liebe Greenpeace-Leute,

ich habe gesehen dass ihr in Berlin einen ganzen Kreisverkehr bei der goldenen Säule gelb angemalt. Voll cool!

Ich wollte auch schon mal die Straße vor unserem Haus mit Kreide anmalen, aber das hat ewig gedauert und Mama hat es mir verboten als sie es gesehen hat.

Wie habt ihr das denn geschafft ohne dass eure Mamas oder die Polizei gestört haben? Da habt ihr ja ganz viel Kreide gebraucht. Und wahrscheinlich auch viele Greenpeaceleute, oder?

Wann malt ihr mal in München eine Straße an? Dann helfe ich euch gerne. Bitte schreibt mir mit der Post zurück weil sonst vielleicht Mama ans Telefon geht. Ab wieviel Jahren kann man bei euch Mitglied werden und macht ihr noch mehr so lustige Sachen?

Euer Timo (12 Jahre alt)

Lieber Timo,
vielen Dank für deinen Brief, über den wir uns sehr gefreut haben.
Schön, dass dich unsere Aktionen so begeistert haben.
Wenn du bei uns mitmachen möchtest, kannst du dich bei den Greenteams anmelden, dafür habe ich für dich und für deine Mama Infomaterial in den Umschlag gepackt.
Greenpeace gibt es auch in München, dazu steht auch viel im Internet. Such bei Google einfach nach „Greenpeace München".

Liebe Grüße
Manja
Kinder- u. Jugendprojekte Greenpeace

## **Der neue Hauptstadtflughafen** – Warum dauert der Bau so lange?

Bereits im Dezember 1991 gründeten die Länder Berlin und Brandenburg die Berlin Brandenburg Flughafen Holding zum Bau eines neuen Hauptstadtflughafens. Nach einer langen Suche einigten sich die beiden Länder und der Bund 1996 auf den Standort des neuen Flughafens neben dem derzeitigen Flughafen Schönefeld. Nachdem die Gegner des neuen Flughafens vor Gericht scheiterten, fand 2006 der Spatenstich statt.

Planmäßig sollte der Flughafen 2011 in Betrieb gehen. Im Juni 2010 wurde die Eröffnung auf Juni 2012 verschoben. Kurz vor der geplanten Eröffnung wurde diese auf Frühjahr 2013 verlegt, später auf September 2013 und als das nicht klappte, wurde die Inbetriebnahme auf unbestimmte Zeit verschoben. Mehrere Jahre und viele Chefwechsel später ist der Eröffnungstermin inzwischen für Herbst 2020 vorgesehen.

Darüber hinaus stiegen die Kosten für das Projekt von ursprünglich 2 Milliarden Euro auf inzwischen mehr als 7 Milliarden Euro.[20] Zu allem Überfluss wird der Flughafen Berlin Brandenburg aufgrund der Verspätungen wohl schon bereits bei der Eröffnung zu klein sein.

Timo verliert langsam die Geduld und will wissen, wieso das alles so lange dauert. Zwar hat es auch mit der Antwort des Flughafens etwas gedauert, aber dafür fiel diese umso freundlicher aus.

Lieber Chef vom neuen Berliner Flughafen,

ich heiße Timo und interessiere mich sehr für Flugzeuge und Flughafen. Immer wieder mache ich mit meinem Papa Fahrradtouren zum Flughafen München.
Ich frage Papa oft wann wir den neuen Flughafen in Berlin anschauen können aber er sagt mir schon seit vielen Jahren das das erst geht wenn ich erwachsen bin. Das ist leider erst in 6 Jahren!
Jetzt wollte ich selber bei Dir nachfragen warum das Bauen so lange dauert und warum die Eröffnung schon 5 mal verschoben wurde. Was ist das Problem? Und hast Du eine Lösung gefunden? Die alten Chefs haben das ja nicht geschafft.
Ich habe gelesen dass ein wichtiger Mitarbeiter von Lufthansa letzte Woche gesagt hat das der neue Flughafen wieder abgerissen werden muss. Stimmt das? Ich hoffe nicht.
Wir hatten als Familie schon einmal Flugtickets zum neuen Berliner Flughafen aber dann sind wir doch auf dem alten gelandet. Das war eine große Enttäuschung für mich.
Versprichst Du mir, dass Du alles schnell fertig baust?

Viele Grüße
Dein Timo

FBB FLUGHAFEN BERLIN BRANDENBURG

Flughafen Berlin Brandenburg GmbH
12521 Berlin

**Flughafen Berlin Brandenburg GmbH**
12521 Berlin

Herrn
Timo Meier

15.10.2018

**Dein Brief vom 31. Mai 2018**

Lieber Timo,

vielen Dank für deinen Brief und die Erinnerung an mein Versäumnis. Es tut mir leid, dass du so lange auf eine Antwort warten musstest. Ich freue mich sehr, dass du dich für unseren neuen Flughafen Berlin Brandenburg interessierst und sichergehen möchtest, dass dieser bald öffnet. Sechs Jahre musst du darauf zum Glück nicht mehr warten. Ich kann dir versichern, dass du ab Oktober 2020 von unserem Flughafen – zusammen mit deinem Papa – die Welt bereisen kannst.

Wenn du den Münchner Flughafen schon gut kennst, kannst du dir bestimmt vorstellen, dass der Bau eines Flughafens ziemlich umfangreich ist.
Und leider sind in der Vergangenheit Probleme aufgetreten, mit denen keiner der bisherigen Chefs gerechnet hat. Es gab zum Beispiel einen Kabelsalat im Terminal und auch die automatischen Türen haben uns Schwierigkeiten gemacht. Inzwischen haben wir den Flughafen BER aber baulich komplett fertiggestellt und die meisten technischen Probleme schon gelöst. Wir arbeiten nun also noch die letzten Mängel ab, bevor der Flughafen nochmal überprüft wird. Danach können wir mit dem Probebetrieb beginnen.
Dass der Flughafen wieder abgerissen werden muss, stimmt also nicht! Das habe ich Herrn Dirks von Lufthansa bei seinem Besuch im Juni am BER erklärt.

FBB FLUGHAFEN BERLIN BRANDENBURG

Damit nach der Fertigstellung noch mehr Fluggäste vom BER in den Urlaub starten können, haben wir im letzten November unseren sogenannten Masterplan vorgestellt. Der beschreibt, wie der Flughafen bis zum Jahr 2040 weiter ausgebaut wird. Es wird also auch in Zukunft noch gebaut am BER. Das ändert aber nichts daran, dass du mit deiner Familie ab Oktober 2020 vom Flughafen Berlin Brandenburg fliegen kannst. Wenn du vorher schon in Berlin bist, melde dich gerne bei uns und ich zeige dir unseren neuen Flughafen.

Wir freuen uns sehr, dich dann hier zu begrüßen.

Mit freundlichen Grüßen

Prof. Dr.-Ing. Engelbert Lütke Daldrup
Vorsitzender der Geschäftsführung

## **Prof. Dr. Jonas Schmidt-Chanasit** – Wie lange werden wir noch unter dem Corona-Virus leiden?

Im März 2020 wurde Deutschland mit voller Wucht von einer Pandemie erfasst. Das Corona-Virus COVID-19 breitete sich ausgehend von Wuhan in China überall in der Welt aus und verursachte bei vielen Menschen eine schwere Erkrankung.

Im September waren bereits mehr als 30 Millionen Menschen weltweit am Virus erkrankt und über 880.000 starben in Folge der Infektionserkrankung.[21] In Europa hat das Virus in England, Italien und Spanien am meisten gewütet, doch auch in Deutschland stellte COVID-19 alles auf den Kopf. Schulen und Kindergärten wurden geschlossen, Feste abgesagt, Menschenansammlungen verboten und das Tragen von Masken wurde in öffentlichen Verkehrsmitteln und Supermärkten zur Pflicht. Trotz massiver Unterstützung der Politik stellte die neue Situation viele Menschen vor große Probleme.

Marie war von den Schulschließungen auch betroffen und ging dann bis zu den Sommerferien im Schichtbetrieb zur Schule. Doch so richtig gefallen hat ihr das nicht und sie fragt sich, wie lange das noch so weiter geht.

Lieber Virologe,

ich habe eine Frage zu Corona. Wann geht der blöde Virus endlich weg? Ich will wieder normahl in die Schule gehen. Meine beste Freundin war in der anderen Gruppe. Voll doof!
Kannst du bald ein Heilmittel efinden? Oder eine Impfung? Ich will nicht, dass noch mehr Leute krank weden. Oder Oma und Opa sterben. Ich will dass Oma mich endlich wieder umarmen kann.
Hoffentlich findest du bald was gegen Corona. Dann wirst du bestimmt berühmt und hast viele Fans.

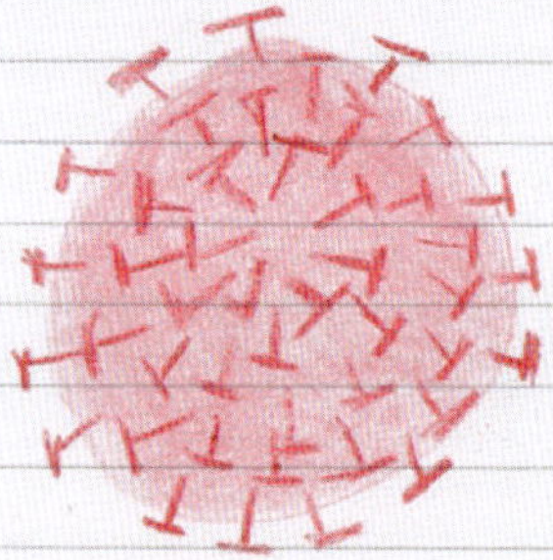

Wir schaffen das!

Viel Glück und bleib gesund.

Deine Marie (9 Jahre)

BNITM
Bernhard-Nocht-Institut für Tropenmedizin

Bernhard-Nocht-Institut für Tropenmedizin
Postfach 50 06 40, 22706 Hamburg

**Univ.-Prof.Dr.med.Dr.med.habil.**
**Jonas Schmidt-Chanasit**
Abteilung Arbovirologie

Hamburg, 14.08.2020

Liebe Marie,

ich habe mich sehr über Deine hübsche Virus-Zeichnung gefreut und vorweg: Ja, wir schaffen das!

Nur kann leider noch niemand jetzt schon sagen, wann genau das Virus wieder weg sein wird. Vielleicht müssen wir auch einfach lernen, mit diesem Coronavirus, wie auch mit vielen anderen Viren, zum Beispiel Grippeviren, zu leben. Auch das werden wir schaffen! Nach und nach werden wir wissen, wie Schule und beste Freunde- oder gar Oma-Opa-Treffen am besten klappen, ohne dass das Coronavirus durch ganz Deutschland „surft" und die Kliniken zu voll macht. Dann nämlich wüssten die Ärztinnen und Ärzte nicht mehr, wen sie zuerst behandeln sollen.

Zu Deiner zweiten Frage: Ein Heilmittel kann ich allein leider nicht erfinden. Dazu müssen heutzutage viele Forscherinnen und Forscher zusammenarbeiten. Dann kann ein neues Medikament gefunden werden, das man zur Behandlung der Coronavirus Patienten einsetzen kann. Da forschen gerade ganz viele daran.

Und Du hast schon sehr gut verstanden, dass auch ein Impfstoff gegen das Coronavirus, das diese Krankheit auslöst, uns allen helfen könnte. Ganz viele Experten forschen daran. Weltweit! Es braucht einfach ganz ganz viel Zeit, einen sicheren und wirksamen Impfstoff zu entwickeln. Ich bin aber optimistisch, dass es nächstes oder übernächstes Jahr eine Impfung geben wird, die auch Deine Großeltern schützen kann. Trotzdem hat auch da leider niemand eine Glaskugel, die vorhersagt, ob es mit einem Impfstoff klappen wird und wann. Darum ist es momentan immer noch so wichtig, dass wir uns weiter an die Corona-Regeln halten und Abstand halten, wo wir müssen.

Danke für Deine positiven Wünsche an mich als Virologe. Das motiviert mich und meine Kolleginnen und Kollegen aus aller Welt weiterzumachen! Wenn wir alle zusammenhalten, dann können wir gut mit dem Virus leben.

Bleib stark und vielleicht besuchst Du mich ja einmal in meinem Labor, wenn Corona wieder weg ist!

Dein Jonas Schmidt-Chanasit

Ein Institut der Leibniz-Gemeinschaft
Nationales Referenzzentrum für tropische Infektionserreger
Kooperationszentrum der WHO für Arboviren und hämorrhagische Fieberviren
www.bnitm.de

Quellennachweise


1. Urbanlife (2016), Die Geschichte der Barbie – Portrait einer Puppe [https://www.urbanlife.de/fashion-und-lifestyle/item/402-die-geschichte-der-barbie-portraet-einer-puppe.html, 31.08.2020]

2. Ärzte Woche (2019), Barbie im Rollstuhl und mit Prothese [https://www.springermedizin.at/tekal/barbie-im-rollstuhl-und-mit-prothese/16520196; 06.09.2020]

3. Statista (2019), Durchschnittliche Ausgaben für Weihnachtsgeschenke in Deutschland bis 2019 [https://de.statista.com/statistik/daten/studie/208623/umfrage/durchschnittliche-ausgaben-fuer-weihnachtsgeschenke-in-deutschland/; 06.09.2020]

4. Bundesinformationszentrum Landwirtschaft (2018), Der Selbstversorgungsgrad in Deutschland [https://www.ble.de/SharedDocs/Downloads/DE/BZL/Informationsgrafiken/Selbstversorgungsgrad.pdf;jsessionid=26BDCA9EE-260F36E615E31AE41125A95.1_cid325?__blob=publicationFile&v=4; 06.09.2020]

5. Süddeutsche Zeitung (2016), Mehr Plastik als Fische im Meer [https://www.sueddeutsche.de/wissen/kunststoff-im-ozean-mehr-plastik-als-fische-im-meer-1.2826984; 01.08.2020]

6. Tagesschau (2020), Mit Klopapier durch die Krise, [https://www.tagesschau.de/inland/hamsterkaeufe-corona-101.html; 06.09.2020]

7. Mitteldeutscher Rundfunk (2020), Fast Fashion: 30 Kilo Klamotten pro Jahr sind zu viel [https://www.mdr.de/wissen/umwelt/fast-fashion-wohin-mit-bergen-von-kleidung-100.html; 01.08.2020]

8. Süddeutsche Zeitung Magazin (2016), Im Kaufrausch [https://sz-magazin.sueddeutsche.de/gesellschaft-leben/im-kaufrausch-82809, 01.08.2020]

9. Bier Deluxe (2017), Alkoholfreies Bier , [https://www.bier-deluxe.de/Blog/Alkoholfreies-Bier, 02.08.2020]

10. Handelsblatt (2019), Immer mehr Biere, immer weniger Käufer: Den Deutschen vergeht der Bierdurst [https://www.handelsblatt.com/unternehmen/handel-konsumgueter/statistisches-bundesamt-immer-mehr-biere-immer-weniger-kaeufer-den-deutschen-vergeht-der-bierdurst/24860848.html?ticket=ST-13842007-hJF9yordoz-qoyMwr4gjF-ap1, 02.08.2020]

11. Süddeutsche Zeitung (2018), Es ist absolut sinnvoll, dass Boni zuruckverlangt werden können [https://www.sueddeutsche.de/wirtschaft/interview-am-morgen-es-ist-absolut-sinnvoll-dass-boni-zurueckverlangt-werden-koennen-1.3850850, 02.08.2020]

12. Spiegel (2018), Was hinter der Bitcoin-Krise steckt , [https://www.spiegel.de/wirtschaft/unternehmen/bitcoin-was-hinter-dem-kursverfall-steckt-a-1212312.html, 02.08.2020]

13. t3n Magazin (2018), Ex-Paypal-Chef: „Bitcoin ist der größte Betrug aller Zeiten, [https://t3n.de/news/ex-paypal-chef-bitcoin-betrug-1069393/, 02.08.2020]

14. PWC Deutschland (2017), Amazon prägt das Einkaufsverhalten der Deutschen nachhaltig [https://www.pwc.de/de/handel-und-konsumguter/amazon-praegt-das-einkaufsverhalten-der-deutschen-nachhaltig.html, 02.08.2020]

15. Statcounter (2020), Search Engine Market Share Germany, [https://gs.statcounter.com/search-engine-market-share/all/germany/2019; 06.09.2020]

16. Bitkom (2019), Jeder dritte Deutsche sucht die Liebe im Internet [https://www.bitkom.org/Presse/Presseinformation/Jeder-dritte-Deutsche-sucht-die-Liebe-im-Internet, 02.08.2020]

17. Bundeszentrale für Politische Bildung (2019), Polizei(en) und innere Sicherheit in Deutschland. Strukturen, Aufgaben und aktuelle Herausforderungen, [https://www.bpb.de/apuz/291178/polizeien-und-innere-sicherheit-in-deutschland, 14.09.2020],

18. Bundesregierung (2020), Deutschland ist wieder ein Stück sicherer geworden, [https://www.bundesregierung.de/breg-de/aktuelles/pks-2019-1734432, 14.09.2020]

19. Der Tagesspiegel (2019), Greenpeace zahlte 14.000 Euro an die BSR, [https://www.tagesspiegel.de/berlin/gelbe-farbe-am-grossen-stern-greenpeace-zahlte-14-000-euro-an-die-bsr/25019838.html,.02.08.2020]

20. Der Tagesspiegel (2019), Berliner Steuerzahler zahlen für BER mehr als eine Milliarde Euro [https://www.tagesspiegel.de/berlin/die-rechnung-des-pannen-flughafens-berliner-steuerzahler-zahlen-fuer-ber-mehr-als-eine-milliarde-euro/25134542.html, 02.08.2020]

21. Johns Hopkins University (2020), COVID-19 Dashboard by the Center for Systems Science and Engineering (CSSE) at Johns Hopkins University , [https://coronavirus.jhu.edu/map.html, 09.08.2020]